전봉준과 동학농민혁명
우리나라 최초의 아고라, 발로 찾아 쓴 동학농민혁명 이야기

1판 1쇄 발행 2008년 7월 17일
2판 1쇄 발행 2014년 3월 1일
2판 2쇄 발행 2020년 11월 21일

지은이 조광환
펴낸이 김승희
펴낸곳 도서출판 살림터

기획 정광일
편집 조현주
그림 박유진
디자인 김경수

인쇄 · 제본 (주)신화프린팅
종이 (주)명동지류

주소 서울시 양천구 목동동로 293, 22층 2215-1호
전화 02-3141-6553
팩스 02-3141-6555

출판등록 2008년 3월 18일 제313-1990-12호
이메일 gwang80@hanmail.net
블로그 http://blog.naver.com/dkffk1020

ISBN 978-89-94445-56-4(03910)

전봉준과 동학농민혁명

우리나라 최초의 아고라,
발로 찾아 쓴 동학농민혁명 이야기

조광환 지음

살림터

지난 2013년 계사년을 돌아보면 한반도는 안녕하지 못했습니다. 동북아를 비롯한 국제정세 또한 안녕하지 못했습니다. 지난해 12월 10일 서울 고려대학교 후문에 "철도 민영화에 반대한다며 수천 명이 직위 해제되고, 불법 대선 개입, 밀양 주민이 음독자살하는 하 수상한 시절에 어찌 모두들 안녕하신지 모르겠습니다. 안녕들 하십니까?"라고 적은 대자보가 붙었습니다. 그리고 이것을 본 몇몇 학생들이 사진을 찍어서 커뮤니티 게시판에 옮기자 이를 공감하는 사람들 사이에 빠르게 퍼져 나가며 전국적인 '대자보 열풍'이 계사년을 지나 갑오년 새해까지 이어지고 있습니다.

우연의 일치인지는 몰라도 120년 전 계사년에도 탐관오리의 척결과 외세 배격을 외치는 내용으로 '벽서(壁書)', '방(榜)', '괘서(掛書)'라는 이름의 대자보가 각 관청 문을 장식했으며 그 유명한 사발통문까지 나돌게 되었습니다. 사발통문은 전봉준을 비롯한 동학 지도자 20여 명이 전북 고부군 서부면 죽산리 송두호의 집에 모여 고부성을 격파하고 탐관오리 조병갑을 제거한 후 서울로 직행할 것을 결의한 문서입니다.

서양에서는 지난 일들을 주로 10년 단위로 기념하곤 합니다. 그래서 몇십 주년 혹은 몇백 주년을 중요하게 생각합니다. 그렇게 보면 올해 2014년은 제1차 세계대전(1914~1918)이 발발한 지 100년째 되는 해입니다. 제1차 세계대전 100주년을 맞이하며 서구인들은 이 대사건의 의미와 교훈을 되새기는 다양한 행사를 준비하고 있습니다. 그런데 우리를 비롯한 동양에서는 60년을 한 주기로 하는 셈법이 널리 통용되어 왔으며 또한 중요하게 여겼습니다.

이에 따르면 올해는 1894년 동학농민혁명 이후 두 번째로 돌아오는 갑오년(甲午年)년입니다. 동학농민혁명 발발 이후 우리들이 겪었던 3·1운동, 4월 혁명, 5·18 광주민중항쟁, 1987년 6월 민주화 항쟁 등 가치와 의미가 큰 혁명 또는 그에 준하는 대사건들이 있어 왔지만 그 규모와 깊이에서 동학농민혁명을 능가한 것은 없었습니다. 1894년 동학농민혁명 이후 육십갑자가 한 바퀴 돈 1954년은 한국전쟁의 상처와 휴전을 둘러싼 강대국의 이권 싸움이 극에 달해 있었습니다. 당시 미국과 중국 등이 일방적으로 그어 놓은 휴전선은 아직도 현재 진행형으로 존재하고 있습니다.

다시 역사의 수레바퀴는 60년이 흘러 마침내 2014년 갑오년을 맞이했습니다. 그동안 세상은 크게 변한 것 같지만 120년 전 개혁의 깃발 아래 탐관오리의 처벌, 지벌을 타파하고 고른 인재등용, 조세개혁을 외치던 동학 농민군의 요구는 이름만 바뀌었을 뿐 그대로 반복되고 있습니다.

동학농민혁명의 시대정신

동학농민혁명은 우리나라 국민에게 근대적 평등의식을 심어 주고 실천한 출발점이라고 할 수 있습니다. 그 당시 농민군이 외쳤던 구호는 보국안민, 제폭구민, 척양척왜였습니다. 이를 오늘날 쓰는 말로 바꾸면 자유, 민권, 평등, 자주 등으로 해석될 수 있습니다. 우리가 흔히 쓰는 이 단어들은 지금은 당연한 것 같지만 어느 날 갑자기 모든 사람들에게 저절로 주어진 것은 아닙니다.

당시 조선 사회는 양반, 중인, 상민, 천민으로 구분된 신분제 계급사회로 왕과 양반은 많은 특권을 누렸습니다. 그러나 동학의 인내천(人乃天) 사상은 뿌리 깊은 신분제 계급사회의 차별의식을 부정하였습니다. 또 동학농민혁명을 계획한 사발통문과 동학농민혁명 전개 과정에서 농민군이 요구한 폐정개혁안에서도 자유, 민권, 평등, 자주의식을 엿볼 수 있습니다.

오늘날처럼 신분에 의해 차별받지 않는 평등한 세상, 국민의 자유와 권리가 법으로 보장된 것은 오랜 기간에 걸친 국민들의 값진 희생과 노력이 있었기에 가능했습니다. 120년 전 조상들은 "사람이 사람답게 살 수 있는 세상"을 만들기 위해 목숨 바쳐 싸웠습니다. 그리고 그 연장선 상에 3·1운동, 항일독립운동, 광주학생항일운동, 4월 혁명, 5·18 광주민중항쟁, 1987년 6월 민주화 항쟁 등 외세와 독재정권에 대항한 일련의 사건들이 있습니다.

그러나 이러한 사건 자체가 평등한 사회를 만들어 준 것은 아닙니

다. 도덕과 윤리, 인간의 상식과 원칙에 어긋나는 것들에 대해 자발적
이고도 적극적으로 저항에 참여한 시민들이 있었기에 가능한 것이었
습니다. 아무것도 하지 않으면 아무 일도 일어나지 않습니다. 국민들의
자유와 권리 보장, 평등한 사회의 여건은 저절로 주어진 것이 아닙니
다. 그것은 미래에도 마찬가지일 것입니다. '갑'은 '으뜸'을 말합니다.
'으뜸'은 '본'을 말하는 것입니다. '본'은 국민이고 민중입니다. '갑'다
운 '갑'이 되기 위해 고민하고 행동하며 살았으면 합니다.

새로운 갑오년을 맞이하여

2014년 갑오년, 우리는 다시 기로에 서 있습니다. 내부적으로는 진
정한 자유와 민주주의의 실현을 위해, 외부적으로는 남북관계 개선과
한반도 평화체제 실현을 위한 노력이 절실한 시점입니다. 동학농민혁
명은 한반도만이 아니라 동아시아 전체 역사의 분기점이자 전환점이
었습니다.

그로부터 120년이 지난 지금 한반도를 둘러싼 동북아가 다시 소용
돌이치고 있습니다. 많은 사람들이 미국과 중국의 패권 경쟁이 노골화
되고 일본 또한 군국주의 부활로 들어서고 있는 현실이 1894년 조선을
둘러싼 정세와 비슷하다고 말합니다. 동학농민혁명은 실패한 사건이
었습니다. 그러나 긴 호흡으로 본다면 결코 실패한 것이 아니었습니다.
갑오년 이후 우리 민중들은 보국안민, 제폭구민, 척양척왜의 정신을
계승하여 한국 사회를 민주화하려는 노력을 꾸준히 해 왔으며 마침내

그 성취를 이뤘습니다. 이와 같은 성과를 지켜본 일본은 미국을 등에 업고 안주해 온 자신들에 비해 민주주의와 경제 성장을 동시에 이룩한 한국 민중의 의기와 저력에 놀라움을 감추지 못하고 있습니다. 중국 정부 또한 한국의 경제 성장을 벤치마킹의 대상으로 하였으며, 한국의 역동적인 시민사회는 정치 개혁을 갈망하는 중국 민중들에게 본보기가 되고 있습니다.

한국은 이에 안주하지 않고 우리가 일궈 낸 민주주의와 경제 성장이 다시 내용과 형식 모두를 갖춘 진정한 민주주의의 발전과 경제 민주화로 한 단계 더 진화해야 하는 시대적 과제를 안고 있습니다. 하지만 안타깝게도 이러한 우리의 자랑이 퇴색되고 과거로 역행하는 상황이 연이어 벌어지고 있습니다. 갑오년 동학농민혁명 당시, 민중들 사이에 이런 노래가 널리 불렸습니다.

"가보세(甲午歲) 가보세(甲午歲), 을미적(乙未賊) 을미적(乙未賊), 병신(丙申) 되면 못 가보리."

동학농민혁명 2갑자를 맞는 갑오년에 우리가 해야 할 일을 미루지 않고 실천하는 것이 역사의 교훈일 것입니다.

2014년 갑오년 새해

조광환

차례

다시 전봉준이 살아온다면

한국 근대사의 성패(成敗)가 갈리는 그 순간을 담고 있는 사진 한 장.

이 사진은 '압송되는 전봉준 장군'이란 제목으로 널리 알려진 전봉준 장군의 유일한 사진입니다. 한때 러시아 선교사가 촬영한 것이라는 말도 있었고 프랑스 신부가 촬영한 것이라는 말도 있었습니다. 안도현 시인은 「서울로 가는 전봉준」이란 제목으로 이때의 상황을 "눈 내리는 만경(萬頃) 들 건너가네/해진 짚신에 상투 하나 떠가네/가는 길 그리운 이 아무도 없네/녹두꽃 자지러지게 피면 돌아올거나(중략)"라고 표현하고 있습니다.

그러면 이 사진은 언제 누가 촬영했을까요? 이 시의 제목이 암시하듯 전봉준 장군을 서울로 압송하는 도중에 촬영된 장면이라면 1894년 12월 2일 순창 쌍치 피노리에서 체포되어 나주 감옥에 갇혀 있다가 서울로 압송되는 과정의 모습일 것입니다.

그러나 그것은 잘못 알려진 사실입니다. 『마이니치 신문(每日新聞)』 1895년 3월 12일자 보도에 의하면 서울의 일본 영사관에서 재판을 받기 위하여 법무아문으로 이송할 때인 1895년 2월 28일 일본인 무라카미(村上文眞)가 촬영했다고 밝히고 있으며, 당시 기자 소람생(蘇嵐生·필명)이 3월 2일 발송한 '전봉준을 만나다' 라는 제목의 기사 내용을 보면 이렇습니다.

기자는 그제 사진사 무라카미(村上文眞) 및 천우협(天佑俠)의 두목 다나카(田中次郎)와 영사관 철창 속에서 신음하는 동학당 대거두 전봉준을 보았다. 다나카와 전봉준은 작년 3월 전라도 근거지에서 만나 서로 국사를 논하는 한편, 장차 사생을 같이할 것을 언약하고 헤어진 일이 있었다.

그래서 다나카 군이 "내 얼굴을 알아보겠는가?"고 묻자 전봉준은 "전중(田中) 군이 아닌가."고 서로 이야기를 했다. 붕대한 그의 얼굴은 창백하여 병상(病狀)이었지만 기력이나 눈빛은 예리하게 빛났으며 얼굴 모습은 잔주름이 일자로 뻗어져 있었다. 그는 사진 촬영에 기꺼이 응해 주고 공범 2명과 법무아문에 인도되기 위해 일어섰다. 아! 가석명사(可惜名士)여…….

녹두장군 전봉준.

또 『도쿄 아사히 신문(東京朝日新聞)』 1895년 3월 12일자 기사에 "이미 법무아문의 심판에 회부된다면 사형을 면치 못할 것이므로 그 용모만이라도 촬영해 두고 싶다는 사진사의 청에 의해서 촬영이 허가되었다."는 내용이 있고, 『오사카 마이니치 신문(大阪每日新聞)』에 사진의 구도나 인물 묘사가 거의 같은 삽화가 실려 있는 점으로 보아 서울로 압송되어 가는 전봉준이 아닌 재판장으로 이동 중 촬영된 사진이 분명합니다.

사진을 자세히 살펴보면 모두 5명의 인물이 나옵니다. 그중 가운데 가마를 타고 형형한 눈빛으로 너무도 당당하게 정면을 응시하고 있는 인물이 바로 이 이야기의 주인공인 전봉준입니다. 그의 눈을 보면 앞에 가마를 멘 사람의 눈과는 정말 많은 차이가 나는 걸 느낄 수 있습니다. 가마를 멘 사람은 왠지 무언가에 눌린 듯한 눈빛이지요. 물론 사진기를 처음 대하는 사람의 어리둥절한 표정일 수도 있겠지만, 제 눈에는 주체적으로 역사를 만들어 나가지 못해서 시키면 시키는 대로 순응하는 또 다른 조선 민중의 두렵고 슬픈 눈빛으로만 보입니다.

거기에 비해 전봉준의 눈빛을 한번 보세요. 보는 사람에 따라 삶과 죽음 모든 걸 초월한 듯한 무심한 눈빛일 수도 있겠고 어디 찍어 볼 테면 찍어 보아라 하는 듯한 의연한 눈빛일 수도 있겠지요. 낡은 봉건체제에 억압받는 조선 민중들을 압제에서 건지고, 외세의 침탈에 맞서 온몸으로 이 땅을 지키려 했으나 역부족으로 결국 그 적에게 사로잡혀 사진까지 찍혀야 하는 수모를 받으면서도 조금도 기개를 잃지 않은 전봉준의 눈빛은 경외감까지 느끼게 합니다.

몇 년 전 대구에서 온 그림을 그리는 분들이 역사 기행을 부탁해서 안내한 적이 있었지요. 황토현 유물전시관에 걸려 있는 이 사진을 보면서 어느 한 분이 "다른 건 다 그릴 수 있어도 저 눈만은 어떻게 표현하지 못하겠다." 하시면서 좀처럼 그 자리를 떠나지 못하는 걸 보았습니다. 그 후부터 이 사진을 우리 집 벽에다 걸어 놓고 틈 날 때마다 본답니다. 그런데 기(氣)라는 것이 정말 있나 봐요. 한동안 전봉준의 두 눈을 도저히 바로 보지 못했습니다. '에이! 저건 그냥 사진일 뿐이야.' 하면서도 '너는 지금 무엇하고 있느냐?' 하는 듯한 사진과의 눈싸움에서 번번이 진답니다. 그런데 그런 감정도 세월이 가고 자주 보면 무뎌지나 봐요. 요즘엔 그 눈을 보고 많은 질문을 하곤 하니 말입니다.

또 다른 일행의 역사 기행 안내를 할 때 일입니다. 나이 지긋하신 어른께서 이렇게 말씀하시는 것이 아니겠어요.

"그래도 일본이 농민군 대장이었던 전봉준 장군에 대한 예우는 바로 했구먼! 가마를 태운 것 보니까."

전봉준 장군이 처음 잡힐 적에 그는 다리에 부상을 입어 보행이 어려웠습니다. 그래서 이처럼 가마에 실려 가는 것이지요. 다음은 '동학당 대두목과 그 자백'이란 제목으로 일본 『아사히 마이니치 신문』 1895년 3월 5일자에 실린 글입니다.

동학당의 대거괴 전녹두와 최시형 등이 조선에서 상하노소 구별 없이 알려져 있는 것은 예사이고 다카모리가 서남폭동(1877년의 서남전쟁을 일컫는 것으로, 사이고가 중심이 되어 일으킨 사족의 반란)의 거괴로서 상하노소 사이에 널리 알려져 있는 것과 조금도 다름이 없다. 그래서 어제 전녹두가 불가사의하게도(한인이 생각하면) 생포되어 일본 공사관까지 호송되어 마침내는 영사관에 넘겨진 것을 듣자마자, 온 성안에 서로 전해져서 요란하게 떠들고 귀하고 위대한 인물을 보려고 밖으로 나오는 자 끊임없어 한때 일본 영사관 문 앞에 검은 산을 이루었다.

전녹두는 다리에 총상을 입어 아직 치유되지 않은데다가, 다른 병도 생겨 위독한 상태에 빠져 있기 때문에 우치다 영사는 곧바로 경성 수비대의 일등 군의인 오노에게 치료를 청했는데, 생명에는 별 지장 없다.

그래도 바로 그를 조선인의 손에 인도할 때에는, 물론 충분히 치료를 하지 않으면 위험할 우려가 있다. 당분간 영사관 내에 유치해서 치료하고, 대충 건강을 회복시켜서 인도하기로 해서 어제 이후 그를 눕힌 채 취조를 시작했다.

그렇지만 이런 몸으로도 그의 기개는 조금도 꺾이지 않았습니다. 나주에서 서울로 잡혀 올 적에 전봉준 장군은 관리들을 보고 모두 너라고 부르며 꾸짖으면서 조금도 굴하지 않았답니다. 길을 오는 동안 죽력고(대나무 진액으로 빚은 술)와 인삼, 미음을 달라고 하여 먹으면서 행동거지가 조금도 두려움이 없었으며, 조금이라도 그의 뜻을 거스르면 꾸짖기를 "내 죄는 종묘사직에 관계되니 죽게 되면 죽을 뿐이다. 너희들이 어찌 나를 함부로 다루느냐."고 했답니다.

이렇듯 적 앞에서도 굴함이 없이 당당한 그가 체포되면서 사실상 동학농민혁명의 꿈은 좌절되었고, 이후 우리 민족은 일제의 침략 정책에 의해 식민지 노예로 전락해 갔습니다. 그런 점에서 이 사진은 우리 역사 속에서 한국 근대사의 성패(成敗)가 갈리는 순간을 담고 있는 것입니다. 그렇다면 이제 본격적으로 동학농민혁명이 일어났던 19세기 후반 조선 속으로 들어가 볼까요.

동학농민혁명을 일컫는 이름들

19세기 말 활발하게 전개된 농민 봉기는 단순한 지역적 반발이 아닌 중앙 정부의 부패, 무능과 그에 따른 지방 관리들의 가혹한 수탈에 집단적으로 항거하여 스스로 문제를 해결하고자 한 아래로부터의 항쟁이었습니다.

이러한 의의를 가진 역사적 사건인데도 불구하고 과거 동학농민혁명에 대한 평가는 왜곡되어 왔습니다. 그것은 명칭에서부터 드러납니다. 1894년 당시부터 지금까지 명칭을 대략 열거하면, 동학난, 동학농민운동, 동학농민혁명, 갑오농민전쟁, 동학농민전쟁 등이 있습니다.

그중 '동학난'은 1894년 전후에 나온 각종 정부 사료나 양반 지배 계급에 의해 기록된 문집 등에서 나오는 명칭입니다. 이들은 동학을 사이비 종교로 몰아 동학 농민군을 동도(東徒)·동비(東匪)·비도(匪徒) 등 한낱 도적의 무리로 보았으며, 나아가 나라의 주인은 국왕인데 이에 저항해 반란을 일으킨 불온한 무리로 보았던 것입니다. 물론 일제 식민통치 시기 동학농민혁명을 축소 왜곡하고자 했던 일본 학자들의 연구 시각 또한 마찬가지였습니다.

해방 이후 1947년, 월북 경제학자인 전석담(全錫淡)은 『조선사 교정』에서 동학농민혁명을 일컬어 참가 민중의 절대 다수가 농민이었고 지도자가 농민적 의식을 가졌으며 투쟁 구호가 반봉건적이었다는 점을 지적하며 사실상 농민전쟁이라고 했습니다. 이후 이청원이 프리드리히 엥겔스(Friedrich Engels)의 『독일농민전쟁』에서 따온 '갑오농민전쟁'이란 용어를 처음 사용하기 시작했습니다.

분단 상황 아래 북한 학계에서는 1959년 동학농민혁명에 관한 학술대회를 연 결과, 공식 명칭으로 '동학' 대신 '갑오'라는 간지를 붙여 사용하기로 한 후 지금까지 '갑오농민전쟁'이라는 통일된 명칭을 사용하고 있습니다. 또한 일본에서도 북한과 마찬가지로 '갑오농민전쟁'이라는 명칭을 사용하고 있습니다.

한편 남한에서는 이승만 정권하에서 '동학란'이란 용어가 사용되어 난리·반란의 범주에서 벗어나지 못했다가 1970년판 인문계 고등학교 교과서인 『국사』(이홍직, 동아출판사)에서 처음으로 '동학혁명'으로 표기되었습니다. 이어 1990년판 중·고등학교 국사 교과서부터 '동학농민운동'으로 바뀌어 지금까지 사용되고 있습니다.

이러한 교과서와는 달리 현재 학계의 흐름을 정리해 보면 다음과 같습니다. 1894년의 사건에 동학 사상과 조직이 큰 역할을 했다고 보는 연구자들은 접두어로서 '동학'이 반드시 들어가야 한다는 입장입니다. 반면 동학 사상과 조직이 일정 부분 역할은 했을지라도 매우 작았으며, 오히려 종교적 입장의 한계로 인해 처음부터 농민항쟁의 중심이 되지 못했다고 보는 연구자들은 명칭에서 '동학' 대신 '갑오' 또는 '1894년' 등의 연대 명을 사용해야 한다는 주장입니다.

또 '혁명'이란 용어를 주장하는 연구자들은 동학의 평등사상이 매우 혁명적 요소를 지녔으며, 실제 노비제도 폐지 등의 계급 타파를 이뤄냈고, 1894년 사건 자체가 근대 부르주아 혁명으로서의 위상과 성격을 갖추고 있다고 보기 때문에 '혁명'이라는 용어가 타당하다고 주장하고 있습니다.

반면에 '전쟁'을 주장하는 연구자들은 일반적으로 혁명이란 두 가지 요건을 갖추어야 하는 것으로 그 첫째가 지배계급의 교체, 둘째는 경제적 사회구성체의 변화라는 것입니다. 그런데 동학농민혁명은 이러한 두 가지 요건 중 어느 하나도 갖추지 못한 실패한 사건이었으므로 '혁명'이란 용어는 적합하지 않다는 주장입니다. 그리고 1894년 사건이야말로 조선 봉건사회가 해체되는 과정에서 필연적으로 발생할 수밖에 없었던 '농민전쟁'의 전형이었으며, 일본과의 전투 자체가 '전쟁' 수준이었다는 주장입니다.

그런데 필자는 이 책에서 '동학농민혁명'이란 용어를 사용하고자 합니다. 동학농민혁명은 비록 농민군이 정부와 일본군에게 진압되어 그들이 이루고자 했던 새로운 세상을 만들지는 못 했지만, 그들의 주장 중 핵심 내용인 노비제도의 철폐 등 조선의 정치, 경제, 사회 체제를 변화시키는 내정 개혁을 할 수 있도록 만들었습니다. 즉, 동학농민혁명을 통해 조선 봉건사회의 해체가 시작되었다는 점으로 보아 '혁명'이라 해도 무방하다는 것입니다. 특히 동학농민혁명은 실패한 혁명이 아닌 미완의 혁명으로 아직도 역사 속에서 진행 중에 있다고 보기 때문에, 향후 학계의 통일된 명칭이 정해지기 전까지는 '동학농민혁명'이라고 부르고자 합니다.

19세기 후반
조선 민중의 동향

갑오년 농민군들이 외친 '반외세'란 구호의 참뜻은
외세를 무조건 배척하자는 것이 아니고 이 땅을 침략하려는
외세를 배척하자는 것이었습니다. 이 땅을 침략하려는 외세에 대한 조선 민중들의 배척 의식은
인간 본연의 기본 욕구이자 민족 구성원으로서
자기 민족을 사랑하고 주권을 지키려는
주인 의식인 것입니다.

1. 세도 정치로 인한 통치 질서의 문란

조선 건국 이래 국가가 안정되고 문화 발달의 최고 전성기는 세종~성종의 시기라고 할 수 있지요. 그러나 조선 중기 임진왜란과 병자호란을 맞이해 조선 사회는 전반적으로 침체되는 어려움을 겪게 됩니다.

전쟁의 피해는 참혹했습니다. 수많은 사람들의 죽음과 부상 그리고 집집마다 불타거나 폐허가 되고, 간신히 살아남은 사람들 중에서도 전쟁 중 버려진 농토로 인해 식량 생산이 제대로 되지 않아 굶어 죽는 사람들이 많았답니다.

이런 어려움 속에서도 농민들은 허기진 배를 움켜잡고 버려진 농토를 개간했고 정부에서도 개간을 장려하면서 세금을 줄이는 등 노력을 했습니다.

한편 과거 성리학만이 최고의 학문이고 기술학이나 과학 등은 천하게 여기던 학자들도 자성하여 농업, 어업, 천문, 지리 등 백성을 위해

도움이 되고 실제 생활에 활용될 수 있는 분야를 연구하게 됩니다. 이른바 실학이지요. 사실 성리학은 개인의 인격 수양에는 도움이 되는 학문이었지만 실학처럼 국가와 농민들에게 현실적인 도움이 되지는 못했거든요.

이렇듯 정약용 같은 진보적인 실학자들이 중심이 되어 사회를 이끌어 가는 역동적인 사회적 분위기 속에서 조선의 경제와 문화가 다시 전쟁 전처럼 복구되고 사회가 안정되어 갔습니다. 이 시기가 영조와 정조 때로 말하자면 조선의 르네상스 시대라고 할 수 있지요.

그러나 1800년 조선 22대 임금인 정조의 갑작스러운 죽음으로 순조가 즉위(즉위 당시 11세)하면서부터 헌종, 철종까지 공교롭게 3대에 걸쳐 나이가 어린 왕들이 즉위하게 됩니다. 어린 순조 대신 영조의 부인이었던 정순왕후가 권력 행사를 하고 그 결과 그 인척들이 권력을 독점하고 맙니다.

정순왕후가 죽은 후에는 순조의 외척인 안동 김씨가 정권을 잡았습니다. 순조의 비가 안동 김씨 김조순의 딸이었거든요. 그러다 헌종(즉위 당시 8세)이 즉위하면서 헌종의 어머니가 풍양 조씨였기 때문에 풍양 조씨들에게 권력이 넘어갔지요. 그 후 철종의 비가 안동 김씨였기 때문에 다시 안동 김씨들이 고위 관직을 독차지하는데 이렇듯 한 가문에 의해 권력이 독점되는 비정상적인 정치를 세도 정치라고 합니다.

원래 세도(世道)란 '세상을 올바르게 다스리는 길'이란 뜻이지요. 그러나 본래의 뜻과는 달리 권력의 집중화와 그로 인한 관료들의 부패 타락을 가져왔지요. 세도 가문들은 벼슬자리를 돈을 모으는 수단으로 여겨 아예 드러내 놓고 관직을 사고팝니다.

그러자 뜻있는 선비들은 관직에 나가기를 꺼려하고, 뇌물을 바쳐서라도 관직을 사겠다고 설쳐 대는 자들만이 중앙과 전국 지방의 수령으로 나가게 되었습니다. 그래서 오늘날 도지사인 감사 자리는 보통 5만~6만 냥, 시장·군수인 수령 자리는 2만~3만 냥 정도에 거래되었답니다.

이렇게 뇌물을 바치고 관직을 산 수령들은 그 본전을 뽑기 위해서 또 자신들을 돌보아 주는 세도가들에게 상납하기 위해서 백성들을 착취하였습니다. 당시 농민들이 부담해야 했던 세금은 농토에 부과된 전세, 군대 안 가는 대신 매년 내는 군포, 그리고 원래 가난한 백성을 구제하려는 취지에서 실시한 환곡이 있었는데 이를 삼정이라 했습니다.

관리들은 이러한 세금을 거두는 과정에서 온갖 이름을 붙여 부정을 저질렀으며 그 결과 정해진 양의 몇 배 이상으로 거두어들였습니다. 무거운 세금과 관리들의 폭력에 지친 백성들이 선택해야 할 길은 뻔했겠지요. 고향을 버리고 떠도는 걸인이 되거나 아니면 목숨을 걸고 관청에 저항하는 길밖에 없었답니다.

갑오년 이전 당시 전해 내려오는 실화 하나 소개하지요. 충청도 바닷가 강씨 집안에 늙은 과부가 하나 살았는데 살림은 다소 여유가 있었지만 슬하에 자식을 두지 못했습니다. 그래서 적적함을 달래기 위해 개한 마리를 키웠는데 이름을 복구(福狗)라고 했답니다.

어느 날 지나가던 나그네가 복구를 부르는 과부의 목소리를 듣고 그만 과부의 아들로 착각을 했습니다. 그래서 나그네는 본색을 밝히고 과

부댁에 강복구(姜福九)라는 이름으로 감역(監役, 조선시대 선공감에 속한 종9품 관직으로 궁궐·관청의 건축과 수리 공사를 감독했다) 벼슬을 강제로 떠맡기고 그 벼슬 값으로 돈을 요구하자, 과부가 탄식하면서 말하기를 "손님께서 복구를 보시겠소?" 하고는 크게 소리를 내어 복구를 부르니 개 한 마리가 꼬리를 흔들며 다가왔습니다. 이에 나그네는 멋쩍은 웃음을 남기고 돌아갔답니다. 이로 말미암아 충청도에는 개 감역이 있게 되었다고 하니 다른 일들은 미루어 짐작이 가지요.

● 생생한 사료 보기

당시 선비였던 매천 황현(黃玹, 1855~1910, 전남 광양)은 저서 『오하기문』에서 그때의 매관매직 상황을 이렇게 표현했습니다.

황현. 한말 문장가, 역사가.

감사와 유수는 매년 한 번씩 교체했고 매달 대여섯 차례씩 전형관을 불러 인사 행정을 열었는데, 미리 전국에서 부자를 뽑아 억지로 참봉(參奉), 도사(都事), 감역(監役) 등 초년 벼슬을 주었다. 매년 응제과(應製科)를 십여 차례나 열었으며 아울러 대소과도 함께 뽑았다. 처음에는 관직을 사고 싶어 하는 사람들에게 팔았으나 나중에는 이 또한 억지로 떠 안겼다.

매번 격년으로 증광과(增廣科 : 조선시대 나라에 큰 경사가 있을 때 실시했던 임시 과거 시험)를 열었고, 매 식년(式年 : 자子, 묘卯, 오午, 유酉 등 간지가 들어 있는 해로 3년마다 한 번씩 돌아오는데 이해에 과거를 보았다)마다 소과를 실시하여 방을 붙였는데, 그 인원이 천여 명이나 되었다. 매번 수령을 교체할 때는 임시 직함을 어느 정도 판 다음, 실제 직함을 팔았다. 감사와 유수 자리는 엽전 100만 꾸러미에서 40만~50만 꾸러미요, 초사(初仕)는 5,000~1만 꾸러미였다. 대과는 5만~10만 꾸러미이고, 생원시 같은 소과의 경우 2만~3만 꾸러미로 등급에 따라 가격이 달랐다. 차함(借啣 : 실제로 근무하지 않고 벼슬의 이름만 가지던 일을 말한다) 또한 2만~3만 꾸러미를 호가했고, 증직(贈職 : 죽은 후에 벼슬을 내려 주던 일)과 정려(旌閭 : 충신, 열녀 등으로 그 마을에 정문을 세워 표창하던 일을 말한다)는 불과 수천 꾸러미를 호가했다.

이렇게 되자 시골의 간사하고 교활한 자들이 줄을 지어 서울로 들어와 그들의 원한을 갚기 위해 벼슬을 사고 과거를 샀다. 수령의 봉급은 모두 지방의 토산물을 진상하는 복정(伏呈)과 어거지로 떠안기는 연보(捐補) 및 탄신일에 내는 축하금으로 모두 들어가, 벼슬을 사기 위해 들였던 원가를 보상받을 수 없었다.

이에 고기 잡고 사냥하는 평민들까지 매질하고 족쇄를 채워 빨아먹었으므로 부자들까지 가난하게 되었다. 이들은 이름은 '관장(官匠)'일 뿐 사실은 강도들이었다. 구실아치들은 여기에 빌붙어 간교를 부리며 거두어 가는 것이 날마다 늘어나니 위아래 수천 리 가운데 사는 사람들이 생산하는 모든 산업이 파괴되지 않은 것이 없었다. 백성들은 더 이상 명령을 감당하지 못하여 여기저기서 들고일어났는데, 이를 '민란(民亂)'이라고 이름붙였다.

또 최근에는 욕심을 채우는 더러운 일들이 날로 늘어났는데, 호남은 재물이 풍부하여 그 욕심을 채워줄 만했다. 무릇 이곳에서 벼슬을 하는 사람들은 백성들을 양이나 돼지처럼 여기면서 마음대로 묶고 빼앗았으며, 일생 동안 종과 북을 치면서 사방에서 빼앗았다.

이리하여 서울에서는 "아들을 낳아 호남에서 벼슬을 살게 하는 것이 소원이다."라는 말이 떠돌 정도였다. 이에 관리는 도척(盜跖)이 되고, 아전은 창귀(倀鬼)가 되어 살을 깎고 뼈를 바르며 거두었고, 그 부정한 축재물을 나누어 가지는 데 참여했다.

2. 신분제도의 동요와 민중의식의 성장

조선의 봉건사회는 토지를 매개로 한 지주-전호(지주에게 토지를 빌려 경작하고 지대를 지불하는 소작농) 관계를 통해 운영되었습니다. 이 관계는 양반, 중인, 상민(평민), 천민이라는 견고한 봉건적 신분제와 이를 정당화하는 성리학에 의해 유지되었습니다. 왕의 통치 권력을 성리학에서는 다음과 같이 설명하고 있습니다.

"우주와 인간 사회를 지배하는 원리는 하늘의 원리(천리=天理)·하늘의 명(천명=天命)인데, 이와 같은 하늘의 뜻을 부여받은 것이 국왕이므로 국왕이 인간 사회의 최고 통치권을 행사하게 되는 것이다."

그러나 조선 후기에 들어서서 이와 같은 봉건적 신분제가 더 이상 유지될 수 없는 지경에까지 이르렀답니다. 소수의 양반들이 권력을 독점하면서도 부패하고 타락하여 도덕적으로 정당성을 확보하지 못했기 때문이지요. 보다 근본적인 이유는 근대 사회로 발전되어 가는 과정에서 봉건적 신분제도에서 비롯되는 사회적 모순을 깨달은 민중들의 의

김득신의 「양반과 상민」.

식의 성장과 그 결과 일어난 민중 봉기 때문이라고 봐야 할 것입니다.
그리고 그 민중 봉기의 정점에 위치하는 것이 동학농민혁명이었기에
'반봉건(봉건에 반대하는), 반외세(외세의 침략에 반대하는)'의 혁명이라 평
가합니다.

그럼 이런 불평등한 봉건적 사회구조를 조선 후기 풍속화를 통해 살
펴보겠습니다.

먼저 18세기 조선 화가 김득신(1754~1822)의 「양반과 상민」, 「반상
도」, 「노상알현도」 등의 다양한 이름으로 알려진 풍속화를 보겠습니
다. 이는 조선 후기의 세태를 반영한 풍속화 중에서도 뛰어난 작품으
로, 신분 계급의 격차에서 오는 실상을 길에서 우연히 마주친 양반과
상민(평민) 부부의 모습을 통해 한눈에 보여 주고 있지요. 그림은 거만

김홍도의 「벼 타작」.

한 표정으로 나귀 위에 앉아 있는 양반의 모습과 머리가 땅에 닿도록 절하는 남편과 두 손을 모으고 막 절을 하고 난 후(또는 하기 전)인 부인의 모습을 대조적으로 나타냈습니다.

특히 서민보다 계급이 낮은 천민 신분인 견마잡이의 비웃는 듯한 표정과 서민 부부의 과장된 동작이나 표정에서 익살이 느껴지고, 나귀 탄 양반 뒤 갓을 쓴 것으로 보아 중인 신분인, 지금의 비서 격인 이의 표정과 절하는 남편을 비웃는 듯 내려다보는 나귀의 표정도 매우 재미있지요?

조선 후기 대표적인 풍속화가 김홍도의 「벼 타작」은 경제적으로 부를 축적한 농민이 부농으로 성장하여 일정량의 양곡을 국가에 바치고

김홍도의 「자리 짜기」.

국가로부터 공명첩을 사서 양반으로 신분 상승한 모습을 보여 줍니다.

밝고 건강한 표정으로 일하는 모습에서 비록 계급 사회 속에서 소작
농으로 일하고 있지만 신성한 노동의 기쁨이 느껴지고, 또한 볏단을
내려치며 답답한 마음을 해소하는 듯한 생동감 넘치는 건강한 모습을
엿볼 수 있죠.

한편 일꾼들이야 일을 하든 말든 아랑곳하지 않는 감독관인 양반의
모습은 무기력하기 그지없습니다. 비록 양반의 의관은 갖추었으나 삐
뚤어진 갓, 흐트러진 자세, 제멋대로 벗어던진 고무신, 술병 등과 함께
한잔 걸친 게슴츠레한 눈으로 일꾼들이 타작하는 모습을 지켜보고 있
는 자세에서 도무지 사대부의 품위가 보이지 않습니다. 이렇듯 「벼 타

작」은 단순히 당시의 풍속 장면을 묘사한 것만이 아니라, 불공평한 신분 계층에 대한 비판과 세태 풍자를 가미한 것이랍니다.

그런데 김홍도의 위 그림을 보면 웬일입니까? 남자는 당시 양반들이 주로 쓰던 사방관이란 모자를 쓰고 도포를 입은 모양으로 보아 양반으로 추측되지만, 그는 일반 서민들이나 했던 일인 돗자리를 짜고 있습니다. 남자의 부인으로 보이는 여자도 머리에는 당시 여유 있는 양반가 부녀자들의 가채(가발)를 쓰고 있고 품이 넓은 양반 부녀자들의 치마를 입고 있으나, 농민 아녀자들이 하는 물레질을 하고 있습니다. 하는 일로 보아서는 농민의 집 같은데 뒷면에 있는 부부의 아들로 보이는 아이는 글을 읽고 있지요. 따라서 이 그림은 두 가지로 해석해 볼 수 있습니다.

첫째, 몰락한 양반인 잔반이 생계를 꾸려 가기 위해 돗자리를 짜는 것입니다.

둘째, 스스로 살길을 모색하는 과정에서 새로운 농사 기술로 상품 작물을 재배하여 부농이 된 서민이 양반의 옷차림을 하고 있지만, 원래 자신의 일인 서민의 일을 하고 있는 모습으로 생각할 수도 있지요.

이상으로 몇 점의 그림을 통해 당시 사회 신분제도의 급격한 변화의 단면을 살펴보았습니다. 그리고 신분제가 동요함으로써 세도 정치하에서 권력의 중심으로부터 밀려난 양반들은 관직에 등용될 기회를 얻지 못한 채 향촌 사회에서나 겨우 위세를 유지하는 향반이 되거나 더욱 몰락하여 잔반이 되기도 했다는 것을 알았습니다.

농민 봉기의 시작

한편 노비와 농민 등은 이모작, 이앙법, 견종법 등의 농업 기술 발달로 인한 생산력의 향상과 상공업 발달 등으로 재산을 모아 부농이 되었습니다. 이들은 역의 부담을 모면하기 위하여 납속책(국가 재정의 궁핍을 메우기 위해 실시한 정책의 하나로서, 쌀이나 돈을 바칠 경우 그에게 적합한 상이나 관직을 주거나, 역役 · 형벌을 면제해 주든지 또는 신분을 상승시켜 주던 제도), 공명첩(납속의 대가로 받는 명예 관직 임명장)을 구매하거나, 족보를 돈으로 사거나 위조하여 양반으로 행세하는 경우가 많았습니다. 이와 같이 조선 후기에는 신분 변동이 활발해져 양반 중심의 신분 체제가 크게 흔들렸습니다.

또한 농촌에 널리 퍼진 광작(廣作, 넓은 면적의 토지를 혼자서 경작함) 현상은 영세 농민을 농촌에서 몰아냈으며 이러한 현실은 농촌뿐 아니라 도시에서도 마찬가지였습니다. 도시에서는 도고(都賈, 한 가지 물품을 대량으로 취급하는 독점적 도매상) 상인들이 상공업을 지배하고 부를 축적하여 영세업자들을 몰아내는 지경에 이르렀습니다.

게다가 세도 정치로 인한 정치적 혼란은 매관매직과 조세 행정의 문란을 초래했고 결국 농민들을 벼랑 끝으로 내몰았던 것입니다. 농민 봉기는 이러한 한계 상황에서의 자구책이라고 할 수 있었지요.

결국 홍경래의 봉기(1811년)가 일어났고 마침내 1862년에는 전국 70여 고을에서 농민 봉기가 일어나고 맙니다. 임술 농민 봉기는 1862년에 전국적으로 일어난 일련의 농민 봉기를 가리키는 말로 진주 농민 봉기가 대표적입니다. 1862년 2월에 단성에서 처음 봉기가 일어난 이후 전라 · 경상 · 충청 · 황해 · 함경 · 경기도 등 전국 각지에서 일어난 농민 봉기는 국지적인 투쟁이 전국에서 동시 다발적으로 일어났다는 점에서 조선 봉건체제가 뿌리부터 흔들리고 있었음을 단적으로 보여 주는 것이었습니다.

이렇듯 거듭되는 봉기를 통해 이제까지 수탈의 대상이었던 농민들이 아래로부터의 변혁과 저항의 주체로 결집되어 갔으며, 민중들의 정치의식, 사회의식은 더욱 높아져 갔습니다.

그렇다면 일본 제국주의에 의해 좌절된 동학농민혁명의 꿈, 다시 말해서 전봉준과 조선 민중들이 만들고자 했던 새로운 세상은 어떤 것이었을까요? 그들은 수천 년 동안 내려온 불평등한 신분제도를 바꾸어 양반이나 관리만을 위한 세상이 아니라 농민 대중이 중심이 되는 평등하고 민주적인 세상을 이룩하고자 했습니다.

우리는 지금 평등(내가 보기엔 아직도 불평등한 요소가 많이 있지만 그래도 그때에 비하면)한 세상에서 살고 있기에 그 당시 농민 대중들이 받았던 불평등한 처우에 대해 잘 모르지요. 지금의 눈으로 보면 실감이 나지 않을 것입니다.

나는 오랫동안 학교에서 역사를 가르쳐 오면서 아이들에게 이런 질문을 자주 한답니다.

"여러분들이 조선시대에 태어났다고 가정한다면 어떤 신분이었을까요?"

아이들은 이구동성으로 "양반"이라고 대답하지요. 다시 "그럼 난 어떤 신분이었을까요?" 역시 아이들은 입을 모아 "상놈"이라며 마구 웃는답니다.

그때부터 난 정색을 하고 말합니다.

"그래 난 '상놈' 이었을지도 모른다. 그런데 우리 한번 생각해 보자. 양반이랍시고 손에 물 한 방울 안 적시고 흙 한번 만지지 않으면서도 그들이 사람 취급도 하지 않은 '상놈' 들이 피땀 흘려 생산한 것을 독식 하는 양반들보다는 정직하게 하루하루 땀 흘려 일하고 부족하나마 그 것으로 내 가족, 이웃들과 함께 나누며 소박하게 살아가는 그런 '상놈' 이었으면 한다.

평소 땐 가장 나라를 생각하는 척하며 자기들 이익만을 위해 무리 지어 싸우다가도 나라가 위기에 처하면 백성들을 등지고 가장 먼저 도 망치는 '양반' 들보다는 차라리 인간 대접도 받지 못했던 이 땅 조국을 지키기 위해 '의병' 으로 나섰던 미련한 '상놈' 이고 싶다. 여러분은 그 런 '양반' 과 '상놈' 중 누가 진정한 나라의 주인이라 생각하는가?"

어느새 아이들은 내 얘기에 빠져들고 우린 '상놈' 으로 불리는 민중 의 입장으로 돌아서게 됩니다.

● 봉건 제도 ●

흔히들 조선시대를 '봉건사회' 라고 하지요. 여기서 '봉건' 이란 개념을 한 마디로 정의하기는 쉽지 않습니다. 그 어원을 살펴보면 고 대 중국 주(周)나라의 봉건 제도가 대표적인데, 봉건이란 원래 주나라의 국가체제를 지칭하는 말이었습니다. 봉건(封建)이란 '토지를 봉(封)하여 나라를 세운다[建]'는 뜻이며, 군주가 관료 제도로 전국을 직접 지배하는 군현제와 대응되는 말입니다.

　오늘날 봉건 제도 하면 중세 유럽을 연상하는데 학문상 통일된 개념이 없어 학자에 따라 제각기 개념이 다르게 봉건 제도를 파악하고 있다고 해도 지나친 말이 아닙니다. 그렇지만 다음과 같이 세 가지 개념으로 크게 나눠 볼 수 있습니다.

　(1) 법제사적 개념 : 토지의 주인은 통치자인 왕(봉주=封主)입니다. 그래서 왕은 신하(봉신=封臣)에게 일정한 토지(봉토=封土)를 지급해 주고 신하는 그 대가로 왕에게 충성 서약을 하여 상호 간에 이른바 주종 관계라는 신분 관계가 형성됩니다. 서유럽에서는 대략 8, 9세기~13세기까지 해당합니다.

　(2) 사회경제사적 개념 : 노예제의 붕괴 후에 성립되어 자본주의에 앞서서 존재했던 영주(領主)와 농노(農奴) 사이의 지배·예속 관계가 기조를 이룬 생산체제를 말합니다. 이 생산체제에서 토지의 소유주인 영주는 농노에게 토지를 경작케 하고 봉건지대(토지세)를 거두어들입니다. 영주의 경제외적인 지배와 공동체의 규제가 농민을 극심하게 속박했는데, 서유럽에서는 6, 7세기~18세기 시민혁명 때까지가 이 시기에 해당됩니다.

　(3) 사회유형으로서의 개념 : 국왕 또는 황제를 정점으로 신분 서열이 정해져, 외적 권위의 강조 또는 전통의 고수라는 형태로 개인 역량의 발휘와 내면적 권위의 존중 등이 억압된 사회를 말합니다.

● 생각해 보기

이 시대의 진정한 선비란?

　예로부터 '선비'란 학문하는 이를 가리키는 말이었습니다. '양반'처럼 '상놈'과 대비되는 신분적 명칭이 아닌 문화적 명칭이지요. 그리고 그 '선비'가 학문을 하는 목적은 경세(經世), 즉 언젠가 세상을 경영하며 스스로 학문을 통해 새긴 뜻을 펼치고자 하는 데 있습니다. 그러기 위해서는 우선 내 몸을 먼저 갈고 닦아야 이를 바탕으로 타인을 위한 경륜을 펼칠 수 있지요.

　그리고 '선비'란 명칭에 종종 붙는 수식어가 있지요. 바로 '대쪽같은'이란 단어랍니다. '선비'란 불의에 타협하지 않는 삶을 살아가는 사람, 즉 앎과 삶이 따로 놀지 않는 사람을 가리키는 말이랍니다. 그런데 조선 후기엔 이런 선비는 보기 힘들고 양반만 있었습니다. 지금 우리 사회엔 진정한 선비가 있을까요?

3. 서양 세력의 침투와 동학의 출현

열강의 침탈과 강화도 조약

19세기 후반 한반도는 안으로는 조선사회 내부의 모순이 표출되고 밖으로는 자본주의를 앞세운 서양 열강의 침략이 노골화되어 '세계적 제국주의 체제'라는 강풍을 만난 가랑잎 배와 같은 신세였습니다.

1863년 말 집권한 대원군은 서양과 일본의 통상 요구를 거부하는 한편 천주교를 박해하여 당시 국내에서 활동하던 프랑스 신부들과 천주교 신자들을 처형시켰습니다. 이를 구실로 1866년 강화도에 침범한 프랑스군을 물리쳤으며, 같은 해 통상을 요구하며 대동강을 거슬러 올라와 행패를 부리던 미국 상선 제너럴셔먼 호가 분노한 평양 군민들에 의해 불타 버린 사건을 구실로 강화도에 침입한 미국도 물리쳤습니다.

그러나 1873년 대원군이 물러나자 조선의 대외 정책은 바뀌었지요. 1875년 5월 일본 군함 운요 호가 부산항에 들어와 조선 측의 항의에도 불구하고 동해안을 거쳐 함경도 영흥까지 갔다가 돌아간 후 같은 해 9

월 20일에 재차 출동하여 강화도 초지진으로 접근하는 도발 행위를 감행하자 조선군은 포격을 가했습니다. 이를 놓고 일본 측에서는 조선군이 먼저 포격을 가했다고 억지를 부리지만 국교를 맺지 않은 외국 군함이 접근하는데 포격을 가하지 않는 게 오히려 이상하지 않나요?

초지진에서 포격을 가하자 일본군은 영종도를 공격하여 살인, 약탈 등 갖은 만행을 자행하고 물러갔습니다. 이 사건을 구실로 일본은 1876년 강화도 앞바다에서 무력 시위를 벌이며 조선에 통상 조약 체결을 강요했습니다.

당시 조선 정부는 외세의 개항 요구에 세계정세에 대한 지식도 대응 방안도 없었기 때문에 주체적으로 대응하지 못했습니다. 이렇듯 조선은 충분히 준비되지 않은 상황에서 일본과 불평등한 내용의 강화도 조약을 체결함으로써 문호를 개방했습니다.

개방 이후 조선 정부는 청과 일본 그리고 서양 세력에 대한 세력 균형 정책의 일환으로 영국이나 프랑스보다는 상대적으로 덜 위험하다고 생각되는 미국과 통상 조약을 희망했습니다. 이러한 조선 측의 입장과 일본의 조선 침투와 러시아의 남하 정책을 걱정하던 청의 이해가 일치해 이홍장의 주선하에 1882년 '조·미 수호통상조약'이 체결되었습니다.

같은 해 청은 조선에서 기득권을 더욱 강화하기 위해 서울에 파견한 군사력을 배경으로 '조·청 상민수륙무역장정'을 체결해 이 조약에 '조선은 청의 속방'임을 명시했습니다. 이후 조선은 1883년에 영국, 독일과 1884년에 이탈리아, 러시아와 1886년에 프랑스, 오스트리아와 통상 조약을 체결해 결국 불리한 조건 속에서 세계 체제로 편입되었지요.

강화도 조약으로 대표되는 불평등 조약 체제는 결국 식민지화의 시초였습니다. 1876년 개항 이후 조선은 청·일의 각축장이 되었으며 1882년 임오군란, 1884년 갑신정변으로 인해 조선사회는 더욱 혼란스러워졌고 조선에서의 주도권은 청이 장악했습니다. 이에 일본이 군비를 확충하여 청과의 일전을 준비하는 동시에 조선에서의 정치적 열세를 만회하고자 경제적 침략에 주력하자 조선은 일본의 상품 시장인 동시에 원료 공급지 및 식량 공급지로 전락해 버렸습니다.

영국산 면제품이나 냄비 등 값싼 자본주의 생필품을 미끼로 한 일본의 쌀 수입이 늘어나자 국내 쌀값은 폭등했고 조선 민중은 물가고와 식량 부족에 허덕였습니다. 당시 조선의 개항장에서는 일본 상인이 조선 상인을 상대로 사기, 공갈, 협박, 폭력을 휘두르는 일이 빈번했지만 강화도 조약에 규정된 치외법권, 영사 재판권 때문에 조선 측은 손을 쓸 수가 없었습니다.

한편 1885년 세계 곳곳에서 러시아와 대립하던 영국이 러시아의 태평양 진출을 봉쇄하기 위하여 조선의 영토인 거문도를 무단 점령한 후 러시아의 조선 영토 점유 포기 약속을 받고서 이듬해에 철수한 사건이 일어났습니다. 영국의 거문도 점령은 자국의 이익을 위해 다른 나라의 영토와 주권을 짓밟아 버리는 제국주의 국가의 본색을 드러낸 침략 행위였습니다. 이 과정에서 조선 정부가 의도했던 세력 균형 정책 또한 힘이 수반되지 못한 상황에서는 무력한 것임이 드러났으며, 사건 해결에 중재 노릇을 했던 청의 내정 간섭은 더욱 심화되었습니다.

그런데도 정부는 이전보다 훨씬 많은 세금을 거둬 민중을 수탈했으며 관직을 직접 매매하는 매관매직도 여전히 성행했습니다. 이렇듯 우리 민중들은 봉건 정부의 말단 하수인인 지방 수령과 아전들, 청·일과 러시아 및 서양 제국주의라는 외세의 침략 앞에 이중의 고통을 겪어야만 했습니다.

따라서 당시 민중들은 외세에겐 무능력하고 비굴한 태도를 보이면서도 자국민들에게는 호랑이보다도 무섭게 굴던 조정 대신들과 탐관오리들은 물론이거니와 이 땅을 침탈하려는 외세에 대한 반감이 매우 컸을 것이란 사실은 짐작하고도 남음이 있지요.

인간에게는 본질적으로 모든 지배와 간섭을 거부하고 자주적인 삶을 살아가려는 속성이 있습니다. 인간의 자주성은 그 누구도 침해해서는 안 되며 침해할 수도 없는 생명과도 같은 것입니다. 그래서 인간은 자신의 자주권을 위해 목숨까지 바치는 유일한 존재입니다.

갑오년 농민군들이 외친 '반외세'란 구호의 참뜻은 외세를 무조건 배척하자는 것이 아니고 이 땅을 침탈하려는 외세를 배척하자는 것이었습니다. 이 땅을 침탈하려는 외세에 대한 조선 민중들의 배척 의식은 인간 본연의 기본 욕구이자 민족 구성원으로서 자기 민족을 사랑하고 주권을 지키려는 주인 의식인 것입니다.

하나의 민족이 주권을 지켜 나갈 수 있는 힘은 바로 '자기 자신이 이 나라의 주인이다'라는 자각에서부터 비롯됩니다. 우리 조상들의 반외세 민족 자주 정신에는 우리 민족에 대한 자부심과 자긍심이 담겨 있습니다. 이것이야말로 오늘을 사는 우리들이 가장 시급하게 이어받아야 할 가치가 아닐까요.

제국주의 열강의 아프리카 · 아시아 침탈

19세기 말, 과학 기술이 진보하고 산업 혁명이 진전되면서 자본주의가 크게 발달했습니다. 이에 따라 선진 자본주의 국가들은 상품의 원료를 얻고, 상품을 팔거나 자본을 투자할 새로운 시장이 필요했습니다. 결국 자본주의가 발달한 국가들이 자기 나라의 이익을 위해 약소국을 무력으로 침략하여 이를 식민지로 지배하려는 경향이 생겨나는데 이를 제국주의라고 합니다.

그리하여 제국주의 국가들 간에 더 많은 식민지를 확보하기 위한 군비 경쟁이 치열하게 전개되었습니다. 이러한 제국주의 열강의 경쟁적인 침략으로 아시아, 아프리카, 아메리카의 약소국 대부분이 식민지 신세를 면치 못하게 되었습니다.

유럽 열강은 앞을 다투어 아프리카를 침략하여 라이베리아와 에티오피아를 제외한 전 지역이 식민지로 전락했습니다. 특히 영국은 이집트의 수에즈 운하를 매수하고, 남쪽의 케이프타운에서 북쪽의 카이로를 연결하는 종단 정책을 추진했습니다. 이에 질세라 프랑스는 알제리를 거점으로 삼고, 동쪽의 마다가스카르 섬으로 진출하여, 아프리카를 동서로 연결하는 횡단 정책을 추진했습니다. 그 결과 수단의 파쇼다(1898)에서 영국의 종단 정책과 프랑스의 횡단 정책이 충돌하기에 이르렀습니다.

이러한 제국주의 열강의 식민지 쟁탈 경쟁은 아시아로 이어져 영국은 인도와 동남아시아의 미얀마 · 말레이 반도를 식민지로 삼았으며, 1840년 청나라와의 아편전쟁에서 승리하여 중국마저 식민지로 삼았습니다.

한편 영국에 의해 인도에서 밀려난 프랑스는 베트남, 캄보디아, 라오스 등 인도차이나 반도를 식민지로 삼았고, 네덜란드는 인도네시아를 식민지로 삼아 향료 무역을 독점했습니다.

또 미국은 에스파냐와 싸워 필리핀을 차지했으며, 1898년에는 하와이 제도를 차지했습니다. 1853년 미국에 의해 개항된 일본은 아시아에서는 유일하게 후발 제국주의 국가의 대열에 동참하여 한국 등 주변 국가를 침략하여 식민지로 만들었던 것입니다.

임오군란과 갑신정변

1873년 대원군이 정치 일선에서 물러남에 따라 그의 외교 정책인 통상 수교 거부 정책 대신 민씨 정권이 추진한 문호 개방 정책에 의해 일본을 비롯한 미국, 영국, 프랑스, 독일 등 서양 열강과의 잇따른 통상 관계가 맺어졌습니다. 이에 따라 개방을 적극적으로 원하는 개화파와 이를 반대하는 수구파의 갈등은 더욱 심해졌습니다.

이런 상황에서 민씨 정권은 일본의 후원을 얻어 신식 군대인 별기군을 조직했습니다. 군사 제도 개편과 별기군과의 차별 대우에 대한 불만이 컸던 구식 군인들은 당시 쌀로 주는 봉급이 13개월이나 밀리면서 민씨 정권에 대한 불신과 불만이 한껏 높아졌습니다. 그러다 밀린 봉급 일부가 주어졌는데 쌀에 겨와 모래가 섞였고 그 양 또한 매우 적어 격분한 구식 군인들은 1882년(고종 19년) 6월 마침내 민씨 정권 타도를 외치며 들고 일어났습니다.

구식 군인들에 의해 한때 대원군이 재집권했지만, 결국 청나라 군대가 대원군을 청으로 납치해 갔으며, 구식 군인들을 진압했는데 이를 '임오군란'이라 합니다. 그 결과로 청은 내정 간섭을 더욱 강화했으며, 일본은 조선과 제물포 조약을 맺어 일본군이 한양에 주둔하게 되었습니다.

다시 집권한 민씨 정권은 개화 정책에 소극적인 태도를 보였습니다. 이에 김옥균, 박영효, 서광범, 홍영식 등 개화파는 일본의 지원 약속 아래 1884년 12월 4일 우정국 개국 축하 연회장에서 정변을 일으켰는데 이를 '갑신정변'이라 합니다.

이들은 민씨 정권을 무너뜨리고 새 정부를 수립하여 청에 대해 자주권을 내세우며 정치·경제·사회 등 여러 분야에 걸쳐 근대적인 개혁을 시도했으나 청군의 개입과 일본의 배신 등으로 3일 만에 실패로 돌아가게 되었고, 김옥균·박영효 등은 일본으로 망명했습니다.

갑신정변으로 인해 청의 내정 간섭은 더욱 심해지고, 정변이 실패한 후 일본 측은 오히려 공사관이 불타고 공사관 직원과 거류민이 희생된 사실에 대한 책임을 물어 조선 정부를 압박하여 한성 조약을 맺어서 사죄와 배상금을 받아 냈습니다.

아울러 청과 일본은 조선에서 양국 군대를 철수하고 앞으로 조선에 군대를 파병할 경우에는 서로 알릴 것을 약속하는 톈진 조약을 체결하여 훗날 동학농민혁명이 발발했을 때 일본군을 조선에 파병하는 구실로 삼게 되었으며 결국 이로 인해 청·일 전쟁이 일어나게 됩니다.

동학의 창도

개항을 전후해서 서세동점(西勢東占, 서양 세력이 동양으로 침략하여 점령해 옴)에 위기를 느낀 조선인들에게서 여러 형태의 '민족주의적' 반응이 나타나는데, '위정척사(衛正斥邪) 운동', '민중 운동', '개화 운동' 등이 그것이지요. 여기서 주목할 것은 바로 민중 운동입니다.

민중 사상 혹은 민중 운동은 19세기 초부터 본격화되기 시작한 농민 운동을 통해 집적된 힘이 1860년대에 최제우가 창도한 동학과 연계됨으로써 사회사상 및 사회 운동으로 발전하게 되었습니다.

1840~60년대에 중국이 서양 제국의 침략을 당하게 되자 불안을 느낀 민중들은 세계사적 혁명을 예고하는 천지개벽 사상과 동학의 인내천(人乃天) 사상을 수용하게 되었는데, 인내천 사상은 '사람이 곧 하늘님'이라고 가르치는 인간 존중의 이념과 평등 사상을 담고 있습니다.

이 민중 사상이 사회적 실천 운동으로 나타난 것이 1894년의 동학농민혁명이었습니다. 한마디로 동학농민혁명은 민족주의 성격이 짙다는 것이지요. 동학농민혁명의 반제국주의·반외세적인 성격은 '척왜(斥倭)·척양(斥洋)'이라는 구호에서 드러났고, 특히 일제의 경복궁 습격 이후 일어난 동학농민혁명의 2차 봉기는 분명 일본제국주의 침략 세력 앞에서 국가적 독립을 지키려 했던 반외세적 성격을 띤 것이었습니다.

한편 조선 후기 외세의 침략 위협과 부패한 봉건 관료들의 수탈 속에서 신음하던 민중들은 정신적으로나마 위안을 얻으려 하거나 이를 통해 새로운 미래를 모색하려는 움직임을 활발하게 전개합니다. 당시 농민들은 기존 민간 사이에 널리 퍼져 있던 미륵 신앙이나 도참 신앙,

동학의 창시자 수운 최제우.

외래 종교인 천주교, 그리고 종교이자 사상인 동학을 통해 새로운 세
상을 꿈꾸었지요.

　동학(東學)은 동양의 학문이라는 의미랍니다. 당시 천주교를 서학이
라 불렀는데 이 서학이 서민들과 여성들 사이에 널리 퍼지자 위기감이
작용해 만들어졌지요. 동학의 창시자는 최제우(崔濟愚)란 분입니다. 호
가 수운(水雲)인 최제우는 경주 출신의 몰락한 양반이었죠. 그는 어린
시절 어머니를 여의고 17세에 아버지마저 잃자 20세에 길을 떠나 전국
을 두루 돌아다녔습니다. 이렇게 세상을 떠돌면서 비참한 민중의 생활
을 보았습니다. 30대에 접어든 그는 귀향한 뒤 처가인 울산으로 이사

했으나 다시 구도의 길을 떠나 36세에 경주 용담에서 수도에 정진했습니다.

그 결과 나라 안팎의 어지러움과 흐트러진 세상사가 모두 하늘의 뜻을 따르지 않기 때문이라는 깨달음을 얻어 유교, 불교, 도교와 전래되어 온 민간 신앙 등을 융합한 사상인 동학을 창시하여 주변 사람들에게 이를 가르쳤습니다. '사람마다 마음속에 한울님을 모셨으니 사람이 곧 한울님(시천주=侍天主)'이라는 동학의 핵심 사상은 신분제도의 굴레에서 벗어나기를 갈망하던 하층민들에게는 복음과 같은 것이어서 이에 동조하는 사람들이 늘어만 갔습니다.

동학의 교세가 확장되자 정부와 양반 유생들은 동학 사상을 사회 질서를 어지럽게 만드는 불온한 것이라 여겨 동학 믿는 것을 금하고 그 창시자인 최제우를 체포하여 올바르지 못한 도(동학)로 백성들을 현혹케 했다는 이른바 '좌도혹민(左道惑民)'이라는 죄목으로 1864년 3월 대구 감영에서 처형했습니다. 이때가 그의 나이 41세 되던 해였습니다.

그 뒤 제2대 교주가 된 분이 해월 최시형입니다. 그는 1861년(철종 12) 동학에 입교하여 최제우의 가르침을 받고 1863년 제2대 교주가 되었습니다. 이듬해 교조 최제우가 처형당하자 동학 재건에 힘썼으나, 1871년 이필제(李弼濟)의 민란과 관련하여 당국의 탄압을 받게 되면서 이후 평생을 피신하며 숨어 다녀 '최보따리'라는 별명을 얻게 됩니다. 그런 상황에서도 그는 포교 활동을 게을리 하지 않았으며 포교를 위해 최제우가 저술한 『동경대전(東經大全)』, 『용담유사(龍潭遺詞)』를 펴냈습니다.

최시형은 스승의 시천주 사상을 더욱 확대 발전시켜 "사람이 곧 하

동학의 제2대 교주 해월 최시형의 체포 직후 모습.

늘이니 사람 섬기기를 하늘 섬기듯 하라(人卽天이니 事人如天하라)."고 가르치면서 특히 어린아이, 여성, 그리고 노비도 모두 '하늘님'으로 대접할 것을 강조했으며 그 자신이 먼저 실천하는 자세를 보였지요. 이 같은 가르침은 1905년에 동학이 천도교로 이름이 바뀐 뒤 제3대 교주 손병희(孫秉熙, 號는 義菴, 1861~1922)에 의해 인내천(人乃天) 사상으로 정리되기에 이릅니다.

한편 정부의 감시와 탄압이 느슨해지고 교세가 크게 늘어나자 최시형은 충청도 보은군(報恩郡)으로 본거지를 옮겨 보은 장내리(帳內里)를 동학 중심지로 삼아 충청도와 전라도까지 동학을 전파합니다. 그 후 1892년부터 3차에 걸쳐 억울한 죄명으로 죽은 동학의 시조 최제우의 누명을 벗겨 달라는 교조 신원 운동을 전개했습니다.

1894년(고종 31) 남접의 전봉준 등이 전라도 고부에서 동학농민혁명을 일으키자 무력 행동을 반대하여 만류했으나, 일본의 침략이 노골화되자 청산 대회를 소집하여 남접에 적극 호응 무력 투쟁을 전개했습니다. 그 후 동학농민혁명이 실패하면서 도피 생활을 하던 중 1898년 교도 송경인(宋敬仁)의 밀고로 체포되어 교수형에 처해졌습니다. 동학농민혁명 과정에서 전국적인 봉기를 이끌어 낼 수 있었던 것은 40여 년에 걸친 도피 생활을 통해 동학 사상을 전파하고 동학의 조직을 전국적으로 확대시킨 최시형의 숨은 공이 있었기에 가능했습니다.

최제우 선생 유허비
수운 최제우 선생께서 태어나신 생가는 그의 나이 20세 때에 일어난 큰 화재 때문에 모두 소실되었다가 1971년에 귀부와 이수를 갖춘 5미터 높이의 유허비를 세웠으며 그 주변에는 나무와 잔디로 조경을 하여 유허지를 보존하고 있다. 유허비에는 '天道敎祖 大神師 水雲 崔濟愚 遺墟址(천도교조 대신사 수운 최제우 유허지)' 라고 새겨져 있다.

동학의 남접과 북접이란?

동학의 단위 조직에는 접(接)과 포(包)가 있습니다. 동학의 접과 포 조직은 거주지와 상관없이 인맥을 중심으로 한 연원(淵源) 조직입니다. 즉 도를 전해 주는 사람(傳道人)과 받는 사람(受道人)의 인맥 관계의 흐름을 하나의 조직으로 만든 것인데 이것을 연원 조직이라 합니다. 도를 전한 대표자의 성을 따서 김(金) 아무개 접, 이(李) 아무개 접이라고 부르게 된 것입니다.

그러다가 1884년 이후부터는 접 대신에 포라는 호칭으로 연원을 뜻하게 되었습니다. 동학을 믿는 사람들이 늘어나 한 연원 내에 여러 접이 생기자 연원을 대표하는 호칭을 만들었는데 이것이 포입니다. 그리고 남접 · 북접이란 동학농민혁명 당시 편의상 호서 지역을 북접 관내라 했고 호남 지역을 남접 관내라 한 데서 유래한 것입니다.

오지영은 『동학사』에서 "남 · 북 접 설은 수운 선생 당시에 우연히 생겨나온 말이며, 해월 선생이 사는 곳이 북쪽이 되어 북접이라 불렀다."고 했습니다. 또 『도쿄 아사히 신문(東京朝日新聞)』 1895년 5월 11일 기사에 의하면 서장옥을 최시형의 제자라 했으며, 또 서장옥의 제자 전봉준과 김개남 · 손화중 등이 최시형보다 서장옥의 능력이 위에 있다고 믿고 따름으로서 마침내 남접(南接)이라 부르게 되자, 이에 자극을 받은 최시형의 제자들이 최시형에게 권하여 북접(北接)이라고 부르기에 이르렀으며, 이를 계기로 동학의 남접 · 북접이라는 이름이 생겨났다고 합니다.

전봉준도 공초(심문 기록)에서 "호남을 남접이라 칭하고 호중을 북접이라 칭했다."고 했습니다. 이로 미루어 볼 때 남·북접은 동학 조직 내에서 동학농민혁명을 둘러싼 노선 차이로 생겨난 세력 집단이며, 남접은 전라도를 중심으로 북접은 충청도를 중심으로 한 세력 집단이었다는 것을 알 수 있지요.

또 남접은 농민 봉기를 통해서 사회를 변혁하고자 했던 전봉준, 김개남, 손화중, 김덕명, 서장옥 등 강경 세력이 중심이었는데 북접은 무장 기포(起包)에 반대하고 순수한 종교적 입장을 지키려는 최시형, 손병희, 김연국 등 온건 세력이 중심이 되었답니다.

동학 조직 내의 두 흐름

19세기 후반 봉건 정부의 부패와 외세의 침략 아래 신음하던 우리 농촌의 현실 속에서 동학의 교조 신원 운동은 동학 교인들뿐만 아니라 민중들의 염원을 실현할 수 있는 유일한 통로이자 사회 변혁을 위한 세력들이 성장하고 결합하는 토양이 되었습니다.

당시 지역적 한계를 넘어 일시에 수만 명의 인원을 동원하여 정부에 맞서는 시위를 전개한 조직은 동학뿐이었으며 동학의 상층부는 이러한 힘을 토대로 동학의 공인을 이루려 했습니다. 반면에 이를 통해 잘못된 사회 자체를 바꿔 보려는 또 다른 입장을 지닌 서장옥과 전봉준, 김개남, 손화중, 김덕명, 최경선 등에 의해 투쟁의 형태와 성격이 이원적으로 진행되어 갔으며, 이들은 교조 신원 운동 과정을 통해 서로 결합되면서 사회 변혁의 주체 세력을 형성해 갔던 것입니다.

그리고 사회 변혁 주체 세력의 주역인 전봉준 등은 이미 삼례 집회 때부터 공식적으로 이름을 드러내고 일단의 세력을 형성해 갔으며, 또 이를 통해 교조 신원과 동학의 종교적 자유, 동학교도에 대한 지방관의 탐학 금지 외에 보다 정치적 구호인 외세 배격의 목소리를 내게 되었습니다.

1893년 동학교단 북접에서 준비한 복합 상소가 이뤄질 때 비록 실행에 옮겨지지는 않았으나 이들 남접 세력은 상경한 동학교도들에게 군복을 입히고 무장을 시켜 궁궐을 습격하여 중앙 고관들을 제거하고 조정을 개혁하고자 하는 가히 혁명적인 항쟁 방법을 구상하고 있었습니다.

결국 서장옥과 전봉준 등 남접 세력들은 사회 변혁을 위해 동학교단 상층부를 움직이는 것에 더 이상 의지하지 않고, 남접 또는 전라도 고부(古阜)라는 한 고을의 농민 무장 기포로 그 방향을 바꾸어 추진했던 것입니다.

그 결과 전봉준은 고부에서 사발통문 거사 계획을 수립하는 등 무력 항쟁을 계획하고 전개하는 동시에 이의 확대 발전을 위해 사전에 함께 계획하고 준비한 사회 변혁 주체 세력들과 전라도 백산에서 본격적인 동학농민혁명을 일으킬 준비를 했습니다.

한편 동학 지도부는 1894년(고종 31) 남접의 전봉준 등이 전라도 고부에서 동학농민혁명을 일으키자 무력 행동을 반대하여 만류했으나, 남접이 이를 듣지 않고 독자적인 행동을 전개하자 고민을 거듭합니다.

최시형의 머리에는 과거 1871년 3월 이필제가 교조 신원을 명분으로

최시형이 체포된 원주시 호저면 옥산리에 세워진 비.

경상도 북부 지역 동학교도들을 결집하여 일으켰던 영해 무장 기포가 떠올랐을 것입니다. 최시형의 만류에도 불구하고 무장 기포를 일으켰던 이필제의 난! 엄청난 인명 피해와 회생 불가능할 정도의 타격을 입었던 동학 조직을 각고의 노력 끝에 재건한 최시형으로서는 남접의 무장 기포를 두고 신중에 신중을 기해야 했을 것입니다.

특히 그는 동학의 교주로서 동학을 널리 전파하여 세세손손 이어 가도록 해야 하는 책임을 지닌 입장이었습니다. 제폭구민, 보국안민, 척양척왜라는 남접 농민군들의 구호가 가슴에 와 닿지 않은 것은 아닙니다. 다만 시기와 방법에 있어 차이가 있을 뿐이었지요. 그래서 아직은 시기가 아니니 자중하라고 만류했던 것이지요.

동학에서 파문시키겠다느니, 명령 지휘 계통을 어기는 남접을 치겠다느니, 엄포도 놓았지요. 허나 그렇게 하지는 않았답니다. 오히려 남접에 의한 2차 봉기가 전라도 삼례에서 있게 되자 일본의 침략에 대한 구국의 차원에서 남접을 포용하고 더 나아가 남·북 접이 하나가 되어 이 나라와 민중을 지키고자 북접군을 일으켜 남접에 합세합니다. 이것이 인간 최시형의 참 면모라 할 수 있지요.

최시형은 1898년 4월 5일 강원도 원주 호저면 고산리 송골에서 체포되어 그해 7월 18일 사형 언도를 받고 72세의 나이로 교수형을 당했는데 그 최후의 순간까지도 담담했습니다. 다행스럽게도 1907년 고종의 특명으로 최시형은 신원이 승인되어 역적의 굴레를 벗고 복권되었습니다.

그런데 우리를 더욱 슬프게 하는 사실이 있습니다. 바로 대사상가요 개혁가이며 실천가인 최시형에게 사형을 언도한 고등재판소 판사가 바로 고부 군수였던 조병갑이라는 사실. 혹시 이미 알고 계셨나요?

제2장

동학의
교세 확장과
교조 신원 운동

각도동학유생의송단자(各道東學儒生議送單子)

첫째 동학은 유교·불교·도교를 합한 것으로 이단이 아니라는 점.

둘째 서학(천주교를 비롯한 서양 문물)이 들어와 그 해독이 엄청나며 일본인들의 통상을 통한 경제적 이익 독점과 화적 행위로 인한 조선 백성의 어려움.

셋째 동학교도들이 각 읍에서 이단으로 몰려 옥에 갇혔으니 이들을 풀어 달라는 것.

넷째 교조 최제우의 신원을 조정에 계달(啓達=임금에게 의견을 아룀)해 달라는 것.

1. 공주 집회

앞에서 살펴본 대로 동학을 창시한 최제우는 1864년 봉건 정부에 체포되어 "세상을 어지럽히고 백성을 홀리는 망령된 설을 퍼뜨렸으며 평상시에 난을 일으킬 생각을 하고 무리를 모았다."는 죄명으로 대구에서 처형당했습니다. 물론 동학은 일체 금지되어 탄압을 받았고 이를 빌미로 지방 수령들의 수탈은 더욱 심해졌지요.

이러한 수탈과 탄압에도 불구하고 삼남 지방을 중심으로 동학의 교세가 더욱 확장되자 동학교도들은 정부에 동학의 합법성을 요구하는 단계에까지 이르렀으니 이것이 바로 교조 신원 운동입니다. 여기서 교조(敎祖)란 동학교의 시조란 뜻으로 최제우를 일컬으며 신원(伸寃)이란 억울한 누명을 벗기자는 뜻으로, 말하자면 민심을 현혹시킨다는 죄로 억울하게 죽은 동학 교조 최제우의 죄를 사면하고 동학의 자유를 인정하라는 운동입니다.

1892년 서인주(徐仁周)는 서병학(徐丙鶴)과 함께 최시형을 만나 소장을 지어 궁궐 앞에서 최제우의 신원을 호소하자고 했습니다. 그러나 최시형은 동학의 최고 지도자로서 신중을 기해야 하는 입장이기에 이를 행동으로 옮기지 않았습니다. 다만 10월 17일 발표한 입의통문(立義通文)을 통하여 교조 신원은 동학교도들의 의무임을 지적하고 교조 신원의 방법을 보다 적극적으로 모색할 것을 지시했습니다.

결국 1892년 10월 서병학·서인주 등이 동학교도를 모아 공주에서 집회를 열었습니다. 여기서 충청감사 조병식(趙秉式)에게 '각도동학유생의송단자(各道東學儒生議送單子)'라는 글을 올렸는데 내용을 간추려 보면 다음과 같습니다.

첫째 동학은 유교·불교·도교를 합한 것으로 이단이 아니라는 점.

둘째 서학(천주교를 비롯한 서양 문물)이 들어와 그 해독이 엄청나며 일본인들의 통상을 통한 경제적 이익 독점과 화적 행위로 인한 조선 백성의 어려움.

셋째 동학교도들이 각 읍에서 이단으로 몰려 옥에 갇혔으니 이들을 풀어 달라는 것.

넷째 교조 최제우의 신원을 조정에 계달(啓達=임금에게 의견을 아룀)해 달라는 것 등이었습니다.

이에 대하여 충청감사 조병식은 동학의 인정 여부는 자기 권한 밖이라고 밝히는 대신 관할 지역 내 관리들에게 동학도에 대한 탐학을 금지하겠다는 약속을 합니다. 이러한 성과는 그동안 수탈 대상으로만 비쳐졌던 민중들이 힘을 모아 스스로의 권리를 찾기 위해 주체적으로 일어섰기 때문에 얻어진 것이었습니다.

공주 집회를 통해 민중들은 자신의 권리는 스스로 찾아야 한다는 소중한 깨달음을 얻었으며, 이를 위한 결집의 필요성을 절실하게 느낀 것입니다.

2. 삼례 집회

공주 집회에서 충청감사 조병식으로부터 관리들의 부당한 탐학을 금지시키겠다는 약속을 받아 낸 동학교인들은 이에 고무되어 다시 1892년 11월 3일 전라도 삼례에 수천 명이 모여 10여 일간 농성 집회를 전개했습니다.

10월 29일부터 전국에서 몰려들기 시작한 동학 교인들은 11월 1일에는 이미 수천을 헤아렸습니다. 삼례 집회에서 전라감사에게 교조 신원을 비롯한 민중의 요구를 담은 글이 서병학에 의해 작성되기는 했으나, 이 글을 감사에게 전할 마땅한 사람이 없던 차에 자원해서 나선 인물이 바로 전봉준이었습니다. 이때부터 이미 전봉준은 민중들 사이에 대범한 인물로 알려졌지요.

이때 전봉준이 전달한 글을 살펴볼까요.

"서양 오랑캐의 학(學)과 왜놈 우두머리의 독(毒)이 다시 외진(外鎭)에 들어앉아 날뛰며 제멋대로 행하고 있다."

여기에는 당시 민중들 사이에 광범위하게 퍼져 있던 외세의 침탈에 대한 강한 적개심이 드러나 훗날 보은 집회에서 본격적으로 제창되는 '척양척왜(斥洋斥倭)' 정신의 단면을 엿볼 수가 있습니다.

한편 동학교도들은 전라감사 이경직의 "너희의 동학은 나라가 금하는 바이며 허용할 수 없으나 동학을 빌미로 한 관할 지방수령들의 수탈을 금지하라는 공문을 하달하겠다."는 답신을 받고 집회를 해산합니다. 이는 원래의 목표였던 교조 신원 운동의 뜻은 이루지 못했지만 백성 대하기를 벌레 취급하던 종래의 오만했던 관리의 태도와는 거리가 먼 것으로 민중들이 주체로 일어선 집회를 통해 획득한 값진 결과물이었습니다.

● 역사 산책

전봉준은 언제부터 역사의 무대에 등장했나?

삼례 집회에서 전봉준 장군이 문헌상 처음으로 등장합니다. 『종리원사부동학사(宗理院史附東學史)』를 보면,

소삼십삼년 壬辰秋(1892—인용자)에 대선사신원차로 各道教人이 전주 삼례역에 집회할 때에 本郡(남원—인용자)道人 數百이 往奏하야 義訟할새 관리의 압박위험으로써 訴狀을 呈로할 人이 업셔서 疑訝惶怨中에

左道에 柳泰洪 右道에 전봉준씨가 자원출두하야 관찰부에 訴狀을 提呈則 觀察使가 營將 金始豊을 命하야 出兵散會했고 또 소삼십사년 癸巳(1893—인용자) 정월에 전봉준의 文筆로 倡義文을 著作하야 各郡衙門에 게시할새.

위 기록에 의하면 삼례 집회에서 소장(訴狀)이 서병학에 의해 작성되기는 했으나, 탄압이 두려워 소장을 정소(呈訴)할 마땅한 사람이 없던 차에 자원해서 나선 인물이 바로 전라우도의 전봉준과 전라좌도의 유태홍이었다는 것입니다. 이는 전봉준이 최소한 삼례 집회 때부터 이미 두각을 나타내기 시작했음을 알려 주는 중요한 내용이지요.

이렇듯 그는 이미 갑오년 이전인 최소한 삼례 집회 때부터 공식적으로 이름을 드러내고 마음을 바로 한 자들끼리의 '협동일치'와 '결당(結黨)'을 통하여 보국안민(輔國安民)의 그 구체적 실천을 위해 끊임없는 노력을 했던 것입니다.

그럼 그가 말한 "마음을 바로 한 자들끼리의 협동일치와 결당(結黨)"을 한 자들을 어떤 인물들일까요?

오지영(『동학사』의 저자)은 전봉준이 봉건 통치의 모순과 외세의 침투에 고뇌하는 양심 있는 지식인으로서 사람을 사귀어도 신사상(新思想)을 가지고 개혁심(改革心)이 있는 자와 교분을 가졌는데 호남으로는 손화중(孫和中), 김덕명(金德明), 최경선(崔景善), 김개남(金開南) 등과 자주 접했고 호서로는 서장옥(徐璋玉), 황하일(黃河一) 등과 교분이 두터웠다고 말했습니다.

전봉준 고택.

특히 여기서 주목해야 하는 인물은 서장옥입니다. 서장옥은 서인주라고 불리기도 했으며 그의 호는 일해(一海)라 했습니다. 그는 처음에는 불교도였으나 동학에 입교하여 동학교문의 여러 법식 등을 마련하는 등 상당한 역할을 했던 인물입니다.

또 그의 신체는 비록 조그마하나 용모가 이상하여 사람으로 하여금 경외지심(敬畏之心)을 일으키게 했으며 그 때문에 세인들의 관심 대상이 되기도 했다고 전하고 있습니다. 또 오지영은 『동학사』에서 서장옥이 갑오년에 즈음하여서는 전봉준과 서로 비밀리에 통하고 있었으며 이 때문에 "사문의 난적(斯門之亂賊)이오 국가의 역적(國家之逆賊)이라."는 성토를 받아 온 일이 있었다고 기록하고 있습니다.

그가 동학에 입교한 시기는 정확하지는 않으나 대략 1883년경으로 보입니다. 그는 1889년 10월 관에 체포당하는데 최시형은 윤상오 등의 요청에 보석금을 마련하라 지시하고 밥 먹을 때마다 서장옥을 위해 기도함과 동시에 교도들에게도 따라 할 것을 지시할 정도로 그의 영향력은 컸습니다.

　그런데 여기서 주목할 인물은 서장옥 구제를 요청한 윤상오입니다. 그는 호남우도 두령으로 호남좌도 두령 남계천과 1891년에 파벌과 분쟁이 있자 최시형에 의하여 배제된 인물로서 황하일과 더불어 서장옥 계열이라 할 수 있습니다. 윤상오의 배제는 최시형과 서장옥의 노선이 달라지고 있음을 의미하고 동시에 서장옥의 세력이 최시형의 세력에 위협을 줄 정도로 커졌음을 반증합니다.

3. 광화문 복합 상소와 괘서 사건

1892년 12월 초 공주와 삼례에서 행한 교조 신원 운동의 결과 동학의 인정 여부는 지방 관찰사의 권한 밖이라는 답신을 받은 동학교도 수천 명이 동학 상층부에 대규모 집회를 요구하며 충청도 보은 장내리에 모여들었습니다. 이 동학의 북접 상층부는 대중의 집단적 힘보다는 국왕에게 직접 상소하는 방법을 제시하여 1893년 2월 11일 박광호(朴光浩)를 대표로 한 40여 명의 대표단이 광화문 앞에서 사흘 밤낮으로 엎드려 상소했습니다. 이것을 복합 상소라고 하지요.

상소 절차의 문제를 트집 잡아 상소 접수조차 받지 않았던 조정은 14일 태도를 바꿔 "너희들은 각각 집에 돌아가 생업에 힘쓰고 있어라, 그러면 이에 소원에 따라 시행하리라."는 고종의 답신을 내렸습니다. 이에 동학 대표부는 복합 상소를 중지하고 곧장 해산해 버렸답니다. 그러나 이후 동학교도들에게 돌아온 것은 더욱 가혹한 탄압뿐이었습니다.

이러한 정부의 기만적인 태도로 인해 동학교도들은 자신들의 권리를 기득권층에게 하소연하는 방법으로는 목표를 달성할 수 없다는 평범한 진리를 깨달았을 뿐만 아니라 향후 투쟁의 방향 또한 새롭게 해야 한다는 자각을 하게 됩니다.

한편 복합 상소가 진행되고 있을 때 이미 한양에서는 남접계 동학교도들이 상경하여 외국 공사관 및 교회에 강경한 내용으로 외세 배격의 괘서(掛書 : 지배층의 폭정과 수탈에 대한 폭로나 시정 요구 등을 벽이나 문에 몰래 써 붙이거나 장대에 걸어 놓는 글)를 붙이고 다녔습니다.

2월 14일에 서울 미국인 선교사 길포드 학당에 괘서가 붙기 시작하더니, 18일에는 미국인 존스의 집 교회당, 20일을 전후하여 프랑스 공관, 3월 2일 일본 공사관까지 척왜양을 주장하는 총 4종의 괘서가 붙습니다.

서울 괘서 사건을 주도한 것은 서장옥이 주도한 남접 계열의 활동이었다고 추정됩니다. 이러한 근거는 서양 선교사들의 공세적인 선교 활동, 청·일 양국의 경제적 침탈로 인한 민중들의 반감이 팽배해 있던 분위기에서 활동이 이뤄졌으며, 비슷한 시기에 괘서 부착과 무력 항쟁으로 맞설 태세라는 저항 방식이 일치하고, 그 괘서의 주장 내용이 교조 신원 운동 같은 동학교문의 문제가 아닌 척왜양의 구호 등으로 일치한다는 점 등이 될 것입니다.

동학과 동학농민혁명과의 관계는?

　　19세기 농민 항쟁은 부패한 관리와 양반 토호에 맞서 봉기를 했지만 대부분 지역의 경계를 벗어나지 못하거나 상호 연계해서 일어나지 못했습니다. 이는 대원군 때 편찬한 『대전회통』이라는 법전에 따라 난이 지역 경계를 벗어나면 단순 소요죄가 아닌 역모죄로 처벌된다는 점도 일부 작용했겠지만, 그보다는 당시 민중을 하나로 묶을 수 있는 통일된 사상이 부재했으며 또 서로를 연결하는 전국적 조직망이 형성되지 않았기 때문입니다.

　　이러한 농민 항쟁의 한계를 극복한 것이 바로 동학이었습니다. 동학 사상의 핵심은 사람이 곧 하늘처럼 존귀하다는 인내천(人乃天) 사상입니다. 당시 신분제도의 모순 속에서 허덕이는 민중들에게는 이러한 사상이 그야말로 복음과 같았겠지요. 양반 중심의 신분 질서를 고집하던 당시 사회로서는 인정할 수 없는 것이기에 동학은 불법으로 규정되어 탄압을 받습니다. 그럼에도 불구하고 동학 교인들이 급속도로 늘어납니다. 따라서 전국에 걸쳐 포나 접 조직이 마련되었습니다.

　　이러한 조직망을 통해 당시 사회 변혁을 꿈꿔 왔던 사람들이 서로 만나게 되지요. 전봉준, 김개남, 손화중, 황하일, 서장옥 등이 바로 그런 사람들입니다. 그리고 그들은 자신들의 뜻이 동학교문 상층 지도부에 반영되도록 지속적으로 노력했습니다. 그러나 최시형 등 동학의 상층부는 열심히 기도하고 수도를 쌓으면 새로운 세상이 온다는 종교적 입장을 내세워 무력 봉기에 반대 입장을 취합니다.

이에 남접 지도자들은 동학 조직 내에서 자신들과 뜻을 같이하는 인물들과 교류하면서 자연스럽게 독자적인 세력을 형성하여 활동을 전개하기에 이릅니다. 즉 전봉준은 1892년 3월 서장옥이 실질적으로 주도한 삼례 집회를 통해 전라감사에게 정소(呈訴 : 고을 행정의 부당함과 관리들의 부정을 시정하기 위해 해당 고을 관청에 자신들의 요구를 청원하는 것)하는 책임자로 처음 등장하여 두각을 드러내기 시작했으며 삼례 집회가 해산될 즈음에 김개남, 손화중, 김덕명과 함께 무장 군수에게 빼앗긴 돈 천 냥을 찾기 위해 무리를 이끌었을 정도로 교단 내에서의 영향력을 확대시켜 나갔습니다.

이들의 연대 활동은 1892년 7월 서장옥 등이 최시형을 상대로 집회를 요구하는 힘이 되도록 전봉준 등이 호남 일대에서 군중을 이끌었던 것에서 다시 확인됩니다. 뿐만 아니라 1893년 1월 10일 전봉준은 남원 일대에서 괘서 부착과 무력 항쟁을 꾀했습니다.

이후 서장옥은 상경하여 1893년 2월 광화문 복합 상소 계획을 무력 항쟁으로 전화하고자 노력했으나 동학 상층 지도부의 반대로 뜻을 이루지 못하고 맙니다. 이러한 일련의 활동을 거치면서 동학교단의 상층 지도부와는 다른 지도 체제, 즉 서장옥을 중심으로 하는 남접 세력을 확대 형성시켜 나갔으며, 그 속에서 전봉준은 남접의 지도자 대열에 합류한 것으로 보입니다.

남접의 독자적인 활동은 동학교단 상층부와의 갈등으로 작용했습니다. 『동학사』에서는 "호남의 전봉준과 호서의 서장옥은 국가의 역적, 사문의 난적이다. 우리는 속히 결속하여 이들을 공격해야 할 것이다."라는 통문을 북접에서 발한 것으로 기술하고 있습니다.

　동학 사상은 1894년 동학농민혁명의 사상적 기반이 되었고 동학의 전국적인 조직망은 기존의 농민 항쟁이 지녔던 지역적 한계를 극복하게 해 주었을 뿐만 아니라 동학 조직 자체가 사회 변혁을 꿈꾸던 사람들의 집합처가 되어 동학농민혁명을 잉태하게 하는 동력으로 작용했습니다. 그러나 남·북 접의 입장 차이는 결국 1894년 3월에 일어난 1차 동학농민혁명이 남접 중심으로만 전개되는 한계를 보여 주었습니다.

4. 보은 집회와 금구 집회

마침내 1893년 3월 11일 전라 · 경상 · 충청 · 경기 · 강원 등 각지에서 끝도 없는 군중의 대열이 충청도 보은으로 몰려들었습니다. 수만 명이 모인 이 집회에서는 '척왜양창의(의를 들어 일본과 서양 세력을 물리치자)'라는 외세 배격의 정치적 구호가 등장했습니다. 이에 당황한 조정에서는 어윤중을 양호선무사(국왕이 동학 세력의 해산을 위해 특별히 파견한 사신)로 임명하여 토벌하고자 했습니다.

한편 보은 집회에서 선무사(宣撫使) 어윤중이 이 집회의 주도자 서병학을 만나서 고종의 윤음을 전달하고 해산을 종용하자, 서병학은 삼일 이내에 해산할 것을 약속하고 다음과 같이 말했다고 보고했습니다.

그중의 한 사람이 이름을 밝히면서 말하기를 "나는 서병학이라는 이름의 사람인데 불행히 동학에 들어와 남의 지목을 받은 지가 오래되었다. 마땅히 聚黌하게 된(보은 집회를 말한다—인용자) 내력을 상세히 말하겠다."라고 했다. 그는 또 말하기를 "호남 취당(금구 집회─인용자)은 얼핏 보면 우리(보은 집회를 말한다─인용자) 같지만 종류가 다르다. 通文을 돌리고 榜文을 게시한 것은 모두 그들의 소행이다. 그들의 情形은 극히 수상하니 원컨대 公께서는 자세히 살피고 조사 판단하여 우리를 그들과 혼동하지 말고 玉石의 구별을 해주시오."라고 했는데 臣은 그 말을 따로이 기록하여 올려 보내오며(하략)(『東學亂記錄』上, 「聚語」, '宣撫使再次狀啓', pp. 121~122).

이와 같은 북접계 지도부의 투항적 태도는 농민 대중의 반발을 불러 일으켰습니다. 보은 집회가 이렇게 진행되어 갈 무렵 전라도 금구에서는 전봉준 등이 주도한 금구 집회가 뜨거운 열기로 진행되고 있었습니다. 그러나 보은 집회가 흐지부지 해산되자 운동의 강력한 구심점을 금구 집회에 두면서 보은 집회의 열기를 끌어 모아 한양으로 진격하고자 했던 계획이 무산되어 훗날을 기약할 수밖에 없었습니다.

그러나 당시 집회에서 '척왜양'의 기치를 전면에 내세운 것은 민중들이 처한 보다 현실적이고 근본적인 문제가 결국은 민족적 모순과도 맞물려 있음을 인식하고 있었다는 걸 보여 줍니다. 이는 동학의 교조 신원 운동이라는 명분에서 외세 배격이라는 보다 넓은 시야를 확보하는 저항의 질적 변화를 예고하는 것이었으며, 이후의 저항 운동의 구심체가 동학의 상층부인 북접에서 남접의 서장옥, 전봉준 등 사회 변혁 주체 세력으로 이동해 가는 것을 의미하는 것입니다.

금구 집회를 주도한 세력은?

1892년 11월에 있었던 삼례 집회에서 전라감영에 소장(訴狀)을 제정(提呈)하는 역할을 통해 부각되기 시작한 전봉준은 동학교문 상층 지도부에서 주도한 광화문 복합 상소가 별 성과 없이 끝나자 믿을 만한 동지인 김덕명, 김개남, 최경선 등의 세력 근거지이자 자신이 유년 시절 거주했던 금구 원평을 집회 장소로 택해 보다 강력한 사회 변혁 운동을 전개하게 됩니다.

금구 집회는 보은 집회가 보다 강력한 정치 집회로 전환·지속되는 원동력의 구실을 했는데 이때 전봉준은 김봉집(金鳳集)이라는 가명을 사용하거나 또는 전가(全哥)라 하여 이름을 감춘 채 이 금구 집회를 주도한 것으로 보입니다.

1893년 3월 보은 집회가 있을 때 전라도 금구군 원평에서도 집회가 있었습니다. 금구 집회에 관한 정부의 공식적인 기록은 『일성록』 계사(癸巳) 3월 21일조에 나오는데 여기서 고종이 전라감사로 부임하는 김문현에게 명하기를 동학교도들이 호남에서는 금구에 가장 많다고 하는데, 그 소굴을 쳐서 엄히 단속하고 일소하도록 해야 한다고 하자, 이에 김문현이 금구 원평에 동학교도들이 정말 취당(聚黨)하고 있다는 답을 합니다.

따라서 이 문답은 금구 취당이 적어도 3월 21일 이전에 이미 이루어지고 있었음을 말해 줍니다. 또 고종이 3월 17일 어윤중을 양호도어사(兩湖都御使)로 임명하고 18일 임명장을 줄 때, "소위 동학의 무리가 (중략) 다시 양호지간(兩湖之間)에 둔취하고 있다 하니." 라고 하면서 어윤중

보은 장내리 동학 농민군 집결지.

을 '호서도어사(湖西都御使)'가 아닌 '양호도어사'로 임명했던 것으로
보아, 3월 17일에 이미 전라도 금구에서의 동학교도들의 집회 사실이
국왕에게까지 보고되었음을 알 수 있습니다.

금구 원평 집회에 모여든 동학교도의 숫자는 약 1만 명이 넘었을 것
으로 짐작됩니다. 신임 전라감사로 부임한 김문현이 전라감영에 도착
했을 때 군사마(軍司馬)였던 최영년(崔永年)의 보고를 받는데 "금구에 운
집한 동도(東徒)가 거의 만여 명이나 된다."는 것이었습니다.

그렇다면 이러한 활동을 전개한 금구 집회의 주도 인물은 과연 누구
였을까요? 1893년 3월 20일에 보은 관아에서 탐문하여 21일에 보고한

기록에는 "전라도 도회(都會 : 금구 원평 집회-인용자)로서 금 22일에 (보은에-인용자) 도착하기로 했다는 소문이 나돌았는데 그 우두머리는 최시형이고, 다음 우두머리로 서병학(徐丙學), 이국빈(李國彬), 손병희(孫丙喜), 손사문(孫士文), 강기(姜奇), 신가(申哥)이며, 경·강·충·경(京·江·忠·慶)의 접장 황하일(黃河一)과 서일해(徐一海, 서장옥), 전라도 접장으로 운량도감(運糧都監)인데 이름은 알 수 없고 전도사(全都事)라 했다."고 전합니다.

위 기록에서는 보은 집회와 금구 집회를 하나로 묶어 집회의 총 책임자로 최시형을 지목하여 보고한 것으로 보입니다. 이렇게 보는 이유는 보은 집회에 참가한 서병학, 손병희 등 동학교문의 핵심 인물이 금구 집회에도 참가한 것으로 혼재되어 있기 때문이지요.

또 오지영의 『동학사』에서도 보은 집회에 참여한 대두령으로 손병희, 손천민, 임정준, 박석규, 이원팔, 남계천, 김덕명, 손화중, 김낙철, 김기범, 김낙삼, 김석윤, 김방서, 장경화, 서영도, 이관영, 김지택, 박치경 등이 거론되고 있습니다.

그중 손화중은 보은 집회에 참여했으면서도 금구 집회의 주도 인물로 지목되고 있습니다. 한편 동학교단의 핵심 인물인 황하일이 보은 집회 참석자 명단에서 누락된 것으로 보아 그가 금구 원평 집회를 주도한 인물이라는 말이 더욱 신빙성이 있어 보입니다.

금구 집회의 주도자로 지목되는 손화중과 황하일은 서장옥, 전봉준과 관계가 깊은 남접 계열의 인물인데 그들이 주도했다고 하는 금구 집회에서 최소한 삼례 집회 때부터 대중 앞에 모습을 드러낸 전봉준의 활동에 대한 구체적인 언급이 없습니다. 물론 그렇다고 해서 보은 집회에 참석한 것으로 볼 만한 기록도 없습니다.

그렇다면 여기에서 주목해 봐야 할 것은 앞에서 언급한 전라도 접장으로 운량도감의 역할을 맡은 베일에 싸인 전도사라는 인물입니다. 정창렬 교수는 보은 집회 해산 후 의정부에서 그 사후 처리에 대한 건의 중 보은 집회와 금구 집회의 주모자로 호서의 서병학, 호남의 김봉집과 서장옥을 지목하여 체포 구금하여 엄하게 조사하자는 기록에서 김봉집이 전봉준의 가명이었을 것이라고 주장했습니다.

원평은 전봉준이 유년 시절을 보낸 장소로 전주에서 서남쪽으로 15킬로미터 정도 떨어진 곳이며 금구 대접주 김덕명의 근거지였습니다. 또 이곳에서 서남쪽으로 10킬로미터 떨어진 태인은 김개남과 최경선의 근거지입니다.

갑오년 전주 화약 이후에도 금구 원평은 전봉준이 수천의 무리를 거느리고 전라우도를 호령하는 대도소를 설치할 정도의 근거지였습니다. 다시 말해 원평은 전봉준 계열 인물들의 활동 근거지였던 것입니다.

앞에서 살펴본 대로 보은 집회는 어윤중에게 국왕의 말을 전해 듣고 해산했습니다. 이렇듯 보은 집회가 해산되고 나자 금구 집회 역시 독자적인 역량만으로 집회를 지속할 수 없기 때문에 금구 원평에 모인 교인 일부는 각자 귀가하고, 일부는 보은으로 향했으나 금산군에 도착했을 때 마침 원평을 향해 내려오던 어윤중과 상봉하여 금산군 객사 문밖에서 윤음과 보은 집회 해산 소식을 듣고 후일을 기약하며 해산했습니다.

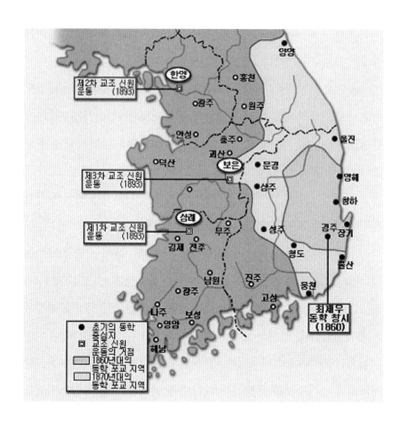

이상에서 살펴본 바와 같이 동학교문 상층 지도부가 주도한 광화문 복합 상소가 무위로 돌아가자 보다 강력한 민중 집회를 요구하는 분위기 속에서 이뤄진 금구 집회는 강력한 결속력을 지니고 있던 남접 세력에서 주도했으며, 그중에서도 전봉준과 황하일 등의 활동이 활발했던 것으로 보입니다.

아마 삼례 집회 해산 때에 무장 군수에게 다시 빼앗은 돈 천 냥 사건, 또는 1893년 정월 남원 일대의 격문 부착과 집회로 인하여 복합 상소 이후 동학교도들에 대하여 더욱 극심한 탄압이 이뤄졌을 때 전봉준 또한 수배 중이었을 것으로 짐작됩니다. 따라서 그는 김봉집이라는 가명을 사용하거나 또는 전가라 하여 이름을 감춘 채 자신이 유년 시절 거주했으며 뜻을 같이하는 동지인 김덕명, 김개남, 최경선 등의 세력 근거지인 금구를 집회 장소로 택하여 금구 집회를 주도했던 것으로 보입니다.

그들은 금구 집회를 통해 보은 집회를 종교적 차원을 넘어선 보다 적극적이고 정치적인 투쟁으로 전환시키고자 했으나 의도한 바와 달리 보은 집회의 이른 해산으로 말미암아 후일을 기약하는 동시에 이전과는 다른 투쟁 방법을 강구하게 되었던 것입니다. 비록 금구 집회는 외형적으로 볼 때 별 성과 없이 해산된 듯 보였지만 동학교도의 하층부를 구성하고 있는 농민들의 단결력을 높이는 성과를 거두었으며, 보은 집회에서 드러난 동학교문 상층 지도부의 한계를 통해 그와는 다른 독자적인 노선을 추진해야 한다는 현실 인식을 하게끔 해준 귀중한 경험이 되었습니다.

사발통문과
고부 농민 봉기

"들리는가, 친구여.
　　갑오년 흰눈 쌓인 고부 들판에
　　성난 아비들의 두런거리는 소리,
　　만석보 허무는 소리가
들리는가, 그대 지금도
　　그 새벽 동진강머리 짙은 안개 속에
　　푸른 죽창 불끈 쥐고 횃불 흔들며
　　　아비들은 몰려갔다.
　　굽은 논둑길로"

1. 조병갑을 위한 변명

'**역**사관(줄여서 史觀)'이란 말 많이 들어 보셨죠? 역사관을 간단히 정의하면 역사에 대한 견해나 역사를 생각하는 방식을 의미합니다. 한 개인의 삶의 방식 또는 인생에 대한 관점을 인생관이라고 하듯이 개인의 역사에 대한 서로 다른 관점을 역사관이라고 할 수도 있으나, 역사학에서 말하는 역사관은 이념 체계 혹은 주의를 배경으로 하는 특정한 견해를 지칭하는 것이 일반적입니다.

그리고 비슷한 용어로 '역사의식'이 있는데 이는 당대에 해결해야 할 문제를 역사적 과제로 생각하고 이를 해결하려는 의식을 말합니다. 그러면 지금 이 시대에 해결해야 할 문제는 과연 무엇이며, 이를 해결하기 위해 우리가 가져야 할 의식은 무엇일까요?

아마 여기에 대한 의견은 다양하리라 생각됩니다. 필자는 그 해답을 지금의 현실과 비슷한 과거의 역사 속에서 찾고자 합니다. 그 역사란 바로 100여 년 전에 있었던 '동학농민혁명'입니다.

아이들에게 '동학농민혁명' 하면 떠오르는 단어를 물어보면 십중팔구는 '전봉준'이라고 말합니다. 그리고 그의 대척점에 서 있는 탐관오리의 대명사 고부 군수 '조병갑'을 말합니다. 또 부정부패의 표상이 된 조병갑을 너나없이 지탄합니다. 그러나 이 모든 오욕을 조병갑 혼자서만 져야 하는 것일까요?

이에 조병갑은 매우 억울했습니다. 그리고 억울함을 견디다 못해 1898년 8월 18일자 『독립신문』에 다른 사람으로 하여금 다음과 같은 해명성 기사를 싣게 했습니다.

민요는 고부 민요 수월 전에 고산 등 각 군에서 먼저 일어났고 동요(교조신원 운동을 말함―인용자)는 보은 등 각 군 지방에서 1893년 가을에 일어났고 갑오 동요는 전봉준이가 사월에 무장에다 방을 걸고 고창 등 각 군에서 작요한 것은 그때 감사 김문현 씨의 등보가 있었으니 고부 동요가 아닌 것은 가히 알겠으며 또 민요로 말할진대 백성이 관장의 탐혹을 못 이겨 일어났다 할진대 조병갑 씨가 범죄 사실이 없는 것은 그때 명사관 조명호 · 안핵사 이용태 · 염찰사 엄세영 · 감사 김문현 제씨가 다섯 번 사실했으되 소위 장전이라 이르던 1만 6,000냥 내에 2,800냥은 당초에 허무하고 1만 3,200여 냥은 보폐가 분명한지라 만일 안핵사 이용태 씨가 빨리 장계를 했더라면 조병갑 씨는 다만 민요로 논감만 당했을 것을 이용태 씨가 무단히 석 달을 끌다가 비로소 무장군 동요 일어난 후에 겨우 장계를 하여 그해 정월에 갈려 간 조병갑 씨로 하여금 오월에 와서야 파직되고 귀양 간 일을 당하게 했다고 했으니 저간의 시비는 세계 제 군자가 각기 짐작을 하시오.

위 글에서 알 수 있듯이 조병갑은 시대를 탓합니다. 어느 전직 대통령이 한 말처럼 '왜 나만 가지고 그래.' 하는 생각을 했던 것 같습니다. 하긴 벼슬만 하면 마음껏 백성을 수탈하던 시대에 자신보다도 몇 십 배 더 수탈한 중앙의 고관대작들이 많은데 거기에 비하면 조무래기에 불과한 자신만 하필 지탄받을 일이 뭐 있느냐고 생각할 수도 있겠지요.

위 글에서도 안핵사 이용태가 1차 봉기 후 고부로 들어와 사태 수습을 3개월이나 질질 끌었던 바람에 2차 봉기가 일어났다면서 책임은 이용태에게 있고 조병갑 자신은 억울하다고 주장하지 않습니까? 그렇다면 조병갑은 정말 그의 주장대로 억울한 누명을 쓴 것일까요? 어디 한번 살펴봅시다.

조선시대 평민들이 지는 세금을 통칭하여 삼정이라 합니다. 삼정이란 전정·군정·환곡(환정)을 일컫는데 그중 전정이란 농토에서 나오는 수확량에 부과한 세금을 말합니다. 그런데 이 시기에는 토지에 대한 기본세 이외에도 각종 부가세가 징수되어 농민들은 엄청난 부담을 져야 했습니다. 예컨대 관리 식사비, 서원 제사비, 감사 생활비, 가마 수리비, 신관 수령의 부임 여비 등 규정 외의 항목으로 백성들의 주머니를 털었습니다. 그 밖에도 지방 관아에서 행하는 잡다한 행사 비용은 물론, 기생을 끼고 놀았던 유흥비까지 부가 세목에 추가했답니다. 그리하여 전세의 수탈은 1결에서 나는 수확이 평균 600말 정도였는데, 전정에 의한 착취량만 하더라도 수확의 약 3분의 1에 육박했습니다.

군정이란 군대에 가야 하는 장정(1~60세에 해당하는 평민 남자)이 군역에 직접 나가지 않는 대신 국가에 납부하는 군포(옷감)를 말하는데, 조선 후기에는 각종 명목으로 징수액을 늘려 장정 한 명이 부담하는 군포의 양도 점차 불어났습니다. 심지어 죽은 사람에게도 군포를 물리는 백골징포, 어린아이도 군적에 올려 군포를 거두는 황구첨정, 군역을 피하여 도망간 사람의 이웃에게 군포를 떠맡겨 수탈하는 인징, 일가친척에게 넘겨 빼앗는 족징 등이 대표적이었습니다.

실학자 다산 정약용은 저서 『목민심서』 병전에 당시 군정의 실상을 다음과 같은 시로 표현했습니다.

애절양(생식기 자름을 슬퍼함)

갈밭 마을 젊은 아낙의 곡소리 기나긴데

현문(현감이 근무하는 관아의 문) 향해 곡하고, 푸른 하늘 울부짖누나.

남편이 출정 나가 돌아오지 않음은 오히려 있을 법하건마는

예부터 사내가 생식기 잘랐다는 말은 듣지 못했다오.

시아버지 돌아가서 이미 상복을 입은데다,

아이는 아직 배냇물도 씻지 않았는데,

세 사람의 이름이 군적에 올랐다나요.

처음으로 호랑이 같은 문지기에게 가서 하소연해 보려 함에

이정(지금의 이장 정도 되는 직위)이 포효하며,

마구간에서 소를 끌고 나갔지요.

칼을 갈아 방에 드니, 피가 자리에 홍건한데

아이 낳아 곤궁을 만났다고 스스로 한탄하던걸요.

더운 방에서 궁형을 행하는 것이 어찌 허물이 있지 않으리요.

민나라 사람들이 자식을 거세했던 일도 진실로 또한 슬픈 일이라오.

산 것이 살고자 하는 이치는 하늘이 부여해 준 것이라서

하늘의 도는 사내를 만들고 땅은 계집을 만들거늘

소와 돼지 거세함도 오히려 슬프다고 말할진대

하물며 백성들이 자손 이을 것을 생각함에서랴.

세도 있는 집에서는 일 년 내내 풍악을 울리지만

쌀 한 톨, 비단 한 조각 축나는 일 없다네.

우리 백성들 똑같아야 하거늘 어찌해서 가난하고 부유한가?

나그네는 창가에서 거듭 시구 편을 읊조린다오.

다산은 이 시를 쓰게 된 동기를 『목민심서』에서 이렇게 적고 있습니다.

이것은 1803년 가을 내가 강진에 있으면서 지은 시이다. 갈대밭에 사는 한 백성이 아이를 낳은 지 사흘 만에 군적에 등록되고 이정이 소를 빼앗아 가니 그 사람이 칼을 뽑아 생식기를 스스로 베면서 하는 말이 "내가 이것 때문에 곤액을 당한다." 했다. 그 아내가 생식기를 관가에 가지고 가니 피가 아직 뚝뚝 떨어지는데 울며 하소연했으나 문지기가 막아 버렸다. 내가 듣고 이 시를 지었다.

마지막으로 환곡이란 재난을 당한 사람들을 구제하기 위해 관아의

곡식을 대출했다가 추수할 때 거두어들이는 제도인데, 점차 고리대가 되어 관리들의 돈벌이 수단으로 전락했습니다. 환곡에서 가장 수탈을 많이 당하는 사람들은 소농과 빈농이었고, 이들은 전세와 군포의 부담까지 짊어져 삼중의 고통 속에 시달려야 했습니다.

공직자가 돈을 많이 벌고자 한다면 오늘 당장 사직하고 장사를 해야 할 것입니다. 일찍이 다산 정약용 선생 역시 "높은 자리는 과녁과도 같아서 누구나 거기를 향해 활을 쏘고자 하니 항상 처신에 조심해야 한다."고 공직자, 특히 고위 공직자들의 처신을 강조했던 것입니다.

또 정약용 선생은 『목민심서』에서 탐관오리를 '자벌레' 라 했는데, 이 자벌레는 먹을 것이 보여야 기어가고 겁을 주면 움츠리고만 있기 때문이랍니다.

특히 근로자들의 정당한 임금 인상이나 복지에는 아랑곳하지 않는 기업들이 정치인들에게는 수백억 대의 대가성 뇌물을 주고받는 정치 현실 속에서 '애절양' 은 흘러간 옛 시 구절이 아니라 아직도 우리 사회의 일각에서 들려오는 현재 진행형의 외침입니다.

고부 군수 조병갑의 탐학

1892년 말 고부 군수로 부임해 온 조병갑은 삼정을 이용한 수탈은 물론 다양한 명목으로 고부 군민들에 대해 불법적인 세금을 징수했습니다. 전봉준 장군이 체포되어 심문 당한 기록인 공초를 보면 돈이 있어 보이는 사람이면 닥치는 대로 잡아들여 형틀에 묶어 놓고 있지도 않

조병갑 청덕선정비.

은 죄를 물었다고 합니다.

　순박한 농민의 입장에서 보면 매가 무서워 "죽을죄를 지었사옵니다."라고 답했다가는 어떤 엄청난 죄를 뒤집어쓸지 모를 일인지라 즉시 대답하지 못하고 머뭇거리면 "매우 쳐라." 하는 호령과 함께 매가 날아들었지요. 살이 터지고 뼈가 으스러지는 모진 매를 맞고 기절하면 물을 퍼부어 정신이 들게 한 다음 머릿속으로는 주판알을 퉁기면서 제법 근엄한 표정으로 다시 "네가 네 죄를 알렷다."라고 되물었답니다.

　이때에도 바로 대답하지 못하는 농민에게 사또의 영원한 콤비 이방은 엄지와 인지로 동그라미를 만들어 사인을 보냅니다. 그제야 눈치를 챈 죄인 아닌 죄인인 농민은 "죽을죄를 지었사옵니다."라고 죄를 시인합니다. 그리하여 이들이 풀려난 것은 없는 죄를 시인하고 군수가 흡족할 정도의 물건을 갖다 바친 이후였습니다. 이때 붙은 죄명은 '부모에게 불효한다', '형제 간에 화목하지 못하다', '음행을 저지른다', '잡기를 즐긴다' 등 갖가지 명목이었고 강탈한 재물만도 2만 냥에 달했습니다.

횡포는 이것만이 아니었습니다. 면세를 약속하고 농민에게 황무지를 개간하게 한 뒤, 정작 추수기에는 세금을 내라고 했습니다. 게다가 태인 현감을 지낸 자기 아버지 선정비를 세운다고 강제로 거둔 돈이 1,000여 냥이나 되었습니다. 여기서 한술 더 떠 그는 대동미를 쌀로 받는 대신 돈으로 거두고, 그것으로 질 나쁜 쌀을 사다 바쳐 차액을 착복했답니다. 이렇게 백성을 수탈하고 나라 재정을 파먹었으니, 그는 관리가 아니라 강도였지요.

마침 선정비 얘기가 나왔으니 이야기 하나를 더 하지요. 경상남도 함양읍 상림 북측 역사인물공원 앞엔 '군수조후병갑청덕선정비(郡守趙侯秉甲淸德善政碑)'라는 이름의 조병갑 선정비가 세워져 있습니다. "조선 말 조병갑 군수는 유민을 편케 하고 봉급을 털어 관청을 고치고 세금을 감해 주며 마음이 곧고 정사에 엄했기에 그 사심 없는 선정을 기리어 고종 24년(1887) 7월에 비를 세웠다."는 내용입니다.

1892년 4월 고부 군수로 부임하여 갖은 포악한 정치를 자행한 그가 불과 몇 년 전 함양 군수로 재직했을 때 위와 같은 선정을 베풀었다는 말에 의구심이 들지요? 사실 우리나라에 산재해 있는 '영세불망비' 나

피향정(披香亭) 호남제일정이라는 이름답게 처마 곡선이 수려하다.

'선정비'라는 이름의 공덕비들은 대부분 그 지역 주민들이 수령의 바른 정치에 감사하는 마음이 생겨 자발적으로 세운 것이 아니라 강제적으로 세워진 것들이랍니다.

이러한 선정비가 조선시대로 오면서 급작스레 많아졌고, 명종 때에는 한 고을에 4~5개의 비가 있었다고 합니다. 정조 때에 이르러서는 세운 지 30년 이내의 것은 모두 뽑아 버리라고까지 했을 정도입니다. 이렇게 선정비의 난립을 막자 백성들이 살기가 좀 나아졌다고 하니 그 폐단이 오죽 심했겠습니까?

선정비의 글은 대개 비슷하여 '전 군수 ○○의 영세불망비'니 '○○ 송덕비'니 하는 문자를 새겼습니다. 그중에는 정말로 백성들에게 선정을 베풀어 진심에서 세운 선정비도 있겠지만, 십중팔구는 크고 글자가 많이 새겨져 있을수록 백성들을 많이 울린 탐관오리(탐욕스럽고 더러운 관리)라고 보는 것이 옳은 듯싶습니다. 거리마다 선정비요, 골목마다 송덕비라. 선정비가 수천 개나 되었으니 얼마 가지 않아 선정비의 주인공이 다른 곳으로 가고 그의 세력이 떨어지면 비석을 부숴 버리곤 했는데, 그 비석은 근처 논두렁의 다리가 되기도 하고 논물을 막는 물꼬가 되기도 했답니다.

지금도 태인 피향정 내에는 조병갑이 저지른 탐학의 징표로 '조후규순영세불망비'가 윗부분이 일부 파손된 상태로 남아 조병갑은 대대손손 부친의 이름을 욕되게 하고 있으니 영세불망(오래도록 세세손손 잊지 말자)은 영세불망인 셈입니다.

조병갑이 태인 현감을 지낸 자기 아버지 비각을 건립한다고 고부 군민들에게 천 냥을 갈취함으로써 원성의 대상이 된 조후규순영세불망비(정읍시 태인면 피향정 내).

'설화 한국의 역사'에 실려 있는 선정비의 유래

중국의 후한 때 오장(吳章)이 군수로 있을 당시 선정을 베풀었기 때문에 그가 죽은 뒤 묘 앞에 선정비를 세웠다고 하는데 이것이 선정비의 시초인 것으로 보입니다. 우리나라에서는 고려 충렬왕 때 청백리인 최석(崔碩)이 선정하여 팔마비(八馬碑)를 세운 것이 선정비의 시초라 여겨집니다. 최석은 승평부(昇平府)의 지방관으로 있을 때 선정을 베풀었다고 전합니다.

선정비를 받치고 있는 귀부의 거북머리가 옆으로 돌려져 조롱하듯이 웃고 있다(무장 객사 앞 선정비).

고려시대 풍속으로 태수가 바뀔 때면 아래 관리들이 고을 백성들에게 돈을 거둬 말 8필을 사서 전별 기념으로 주었답니다. 이것이 일종의 백성을 착취하는 수단임을 안 최석은 그가 승평부의 태수를 그만둘 때 이를 모른 체하고 관행대로 말 8필을 받았습니다.

그는 그대로 집으로 돌아왔고, 도중에 말이 망아지를 낳아 9필이 되었습니다. 자기 집에 짐을 풀고 최석은 망아지까지 9필의 말을 도로 보내 주었답니다. 이것을 본 백성들은 감격했고, 청백리로서 한 번 모범을 보이자 그런 일을 그 후부터 못하게 했는데, 백성들은 그의 덕을 칭송하여 비를 세우니 그의 선정을 칭송한 선정비라 세상의 사람들은 이것을 팔마비라 했답니다.

2. 고부 농민 봉기의 도화선 만석보

"들리는가, 친구여.

갑오년 흰눈 쌓인 고부 들판에

성난 아비들의 두런거리는 소리,

만석보 허무는 소리가

들리는가, 그대 지금도.

그 새벽 동진강머리 짙은 안개 속에

푸른 죽창 불끈 쥐고 햇불 흔들며

아비들은 몰려갔다.

굽은 논둑길로."

(중간 생략)

앉은뱅이 이빨 물고 치는 북소리,

고부 산천 회오리치며 크게 울렸나니,

여우같은 조병갑이 옷 바꿔 입고

어디론가 흔적 없이 뺑소니치고,

분 바른 계집들 후들후들 떨며

목숨을 빌었다.

맨땅에 엎드려.

이제 와서 그 흙탕물

어찌 두고 보랴.

원한 쌓인 만석보 삽으로 찍으며

여러 사람이 한 사람처럼

소리소리 쳤다.

만석보를 허물어라.

만석보를 허물어라.

터진 봇둑 밀치며 핏물이 흐르고,

여러 사람이 한 사람처럼

얼싸안고 울었다.

(이하 생략)

위에 인용한 양성우 시인의 시 「만석보」에도 등장했듯이, 고부 농민 봉기의 직접적인 도화선이 된 만석보(萬石洑)로 가 보겠습니다. 정읍시 이평면(梨坪面)에서 신태인 쪽으로 710번 지방도를 따라 약 3킬로미터 정도 가면 만석보 터가 나옵니다. 좌우로 너른 들녘이 펼쳐져 있어 가을걷이 직전에 보면 '들판에 황금 물결' 이란 표현이 실감납니다. 그리고 백여 년 전 과연 고부가 풍요로운 고장이었음을 짐작케

만석보 터.

해 주는 곳이기도 하지요. 현재 정읍천이 동진강 본류와 만나는 곳에 신태인대교와 만석대교 등 두 개의 교량이 연이어 나타나고 하천 합류 지점 바로 아래쪽이 '보'가 있었던 자리입니다.

먼저 보(洑)에 대해서 알아보지요. 댐이나 대형 저수지를 축조하기가 쉽지 않았던 19세기 이전, 농사에 필요한 물을 저장하는 방법으로 농민들은 흐르는 하천을 가로질러 나무와 돌로 막았는데 이를 '보'라고 했답니다.

보를 막는 방법으로는 우선 유속과 유량이 적당한 지점을 골라 나무 말뚝을 박고 물이 고이는 쪽에 긴 통나무를 가로질러 돌을 쌓은 후 그 위에 흙을 덮어 물이 흐르게 하면서 수심을 높이는 게 전통적인 형태입니다. 그러나 이 같은 방식으로 만들어진 보는 현재 찾아볼 수 없고 시

만석보유지비.

멘트 구조물로 개축된 것이 일반적입니다.

'보'는 농민들이 자발적으로 만드는 것이 보통이었지만 관에서 주민들을 동원해 대규모로 축조한 경우도 있었습니다. 보를 쌓을 때 가장 염두에 둔 것은 그 높이입니다. 너무 낮으면 저수량이 적어 효율성이 떨어지지만 너무 높을 경우에는 홍수 때 범람해 상류 쪽의 논들이 침수되기 때문이지요.

1892년 당시 원래 정읍천에는 하천이 동진강 본류와 맞닿는 지점에 농민들이 막아 놓은 보가 있었습니다. 이 보는 이후 아무리 가물어도 이곳에서 물을 끌어다 쓰면 흉년 없이 농사를 지을 수 있다고 해서 '만석보' 또는 마을 이름을 따서 '예동보'나 '광산보'라는 명칭으로 불렸습니다.

그러나 어떻게 하면 농민들을 수탈할까 머리를 짜내던 고부 군수 조병갑은 농민들을 강제로 동원하여 남의 산에서 주인의 허락도 없이 수백 년 묵은 소나무를 베어다 쓰면서 정읍천과 태인천이 합류하는 지점에 새로운 보를 쌓았습니다.

이렇게 쌓은 새 만석보는 너무 높아서 홍수가 지면 오히려 냇물이

범람하여 상류의 논들이 피해를 입기까지 했습니다. 게다가 보를 쌓은 첫해에는 수세를 물리지 않겠다는 약속을 어기고 좋은 논에서는 한 마지기당 두 말, 좋지 않은 논에서는 한 마지기당 한 말의 물세를 받아 고부 관아의 창고가 넘치자 예동·두전·백산에 700여 석을 쌓아 놓았답니다.

그 무렵 삼남(三南) 지방에서는 가뭄이 계속되어 생활이 힘들어지자 보세를 감해 달라고 두 차례나 고부 관아로 진정하러 갔던 농민들이 보세 감면은커녕 무리를 지어 수령에게 대들려고 했다는 이른바 괘씸죄가 적용되어 번번이 매만 맞고 쫓겨났으며 이후로 새 만석보는 원성의 대상이 되었습니다.

이로 인해 1894년 1월에 전봉준(全琫準)을 선두로 하여 고부 관아를 점령한 농민들은 만석보로 달려와 보를 헐어 버렸고, 이것이 동학농민혁명의 발단이 되었지요. 이렇게 갑오동학농민혁명의 얼을 간직하고 있는 역사적 현장인 만석보에는 1973년에 동학혁명기념사업회에서 세운 만석보유지비(萬石洑遺址碑)가 말없이 서 있습니다.

3. 떴다! 사발통문

보은·금구 집회 이후 남접 세력의 동태는 교조 신원 운동 등 동학교단 상층부를 움직이는 것에 더 이상 의지하지 않고, 남접의 독자적인 힘으로 농민 봉기를 계획하게 됩니다. 그중 고부는 군수 조병갑과 전운사(轉運使=지방에서 조세를 거두어 서울로 운반하는 일을 담당한 관리) 조필영, 균전사(均田使=각 도의 농토를 정확히 조사하기 위하여 파견한 어사로, 전답의 측량뿐만 아니라 등급도 결정하고, 민정을 살펴 부정의 유무를 조사하는 막강한 권한을 가진 관리) 김창석의 탐학까지 더해져 농민들의 불만이 드높아 농민 봉기의 최적 조건이 갖춰져 있었습니다. 앞서 살펴본 대로 조병갑은 1892년 5월 고부 군수로 부임하자마자 백성을 수탈하는 데 여념이 없었습니다.

특히 1893년에는 흉년이 들고 전염병이 돌아 농민의 생활은 그야말로 비참하기 짝이 없었습니다. 이에 1893년 11월 40여 명이 고부 관아로 몰려가 만석보의 물세를 감면해 달라고 진정했으나 군수 조병갑은

사발통문 작성지로 알려진 고부 신중리 죽산 마을 송두호 집터.

오히려 양민을 선동하는 난민(亂民)으로 몰아붙여 전창혁, 김도삼, 정익서 등 농민 대표를 곤장을 때리고 쫓아 버렸습니다.

이렇게 쫓겨난 농민들은 다시 한 번 진정하고자 60여 명이 고부 관아로 몰려갔으나 결과는 마찬가지였습니다. 이와 같은 합법적인 방법의 한계를 절감한 전봉준을 비롯한 농민들은 무력 항쟁을 위한 사발통문(沙鉢通文) 거사 계획을 수립합니다.

사발통문은 계사년(癸巳年, 1893) 11월에 고부 서부면 죽산리(現 井邑市 古阜面 新中里 舟山 마을) 송두호의 집에서 전봉준·최경선 등 20명이 결의사항과 함께 사발 모양으로 둥글게 서명한 문서입니다. 1968년 12월 4일 전라북도 정읍군 고부면 신중리에 거주하는 송기태 씨가 신문에 발표하여 처음으로 세상에 알려졌으며, 그 후 『나라사랑』 제15호에 소개되어 널리 알려지게 되었습니다. 사발통문의 발견 경위를 살펴보겠습니다.

먼저 김의환(金義煥,『全琫準傳記』, pp. 53~54)에 의하면 그가 1972년 8월 23일 고부 신중리를 찾아가 사발통문을 보관해 온 송후섭(당시 63세)을 만나 다음과 같은 증언을 들었다 합니다. 송후섭이 9세 되는 해 그의 부친인 송대화(宋大和 : 사발통문 서명자)가 세상을 떠났는데 그때 물려받은 서류 궤짝이 있었습니다. 그 궤짝을 보관해 오다가 그가 26세 되는 해에 그 궤짝을 정리하다 보니 도장이 찍혀 있는 봉투 두 개(하나는 宋大和에 대한 大接主 任命狀)가 나왔다고 전합니다. 그리고 그는 국한문을 전혀 모르기 때문에 무엇인지는 잘 몰랐지만 중요한 문서라고 생각되어서 그것을 『여산송씨가보(礪山宋氏家譜)』(1935년 8월 15일 편집겸 발행 宋柱文) 뒤표지 속에 넣어서 간직해 왔는데, 그것을 1968년 12월 4일 송기태(宋基泰 : 宋後燮의 一族)가 족보를 보다가 끄집어내서 보고 세상에 발표한 것이라고 밝히고 있습니다.

한편 『동학농민혁명100년』(김은정·문경민·김원용, 나남출판, 1995, p.107)을 보면 송기태(사발통문 서명자 20인 중 하나인 송국섭의 子로 1971년 7월 5일에 작고함)는 처음에는 자신의 가전 유품 속에서 발견됐다고 주장했으나 그 아들 송종수는 송후섭의 집 마루 밑 땅속에서 나온 『여산송씨가보』 가운데 사발통문이 들어 있었다고 전합니다. 그 후 그는 보다 구체적으로 사발통문은 1968년 12월 4일(음력 10월 보름달) 정읍시 고부면 강교리 종암마을 송씨 선산에서 시제를 지내고 주산마을 송후섭(송대화의 아들) 집에 모여서 문중이야기를 하던 중 보첩 속에서 발견된 것으로

말하고 있습니다. 이 외에도 송기남 옹은 송후섭의 책상에서 나왔다고
말하고 있습니다.

이상을 살펴보면 그 발견 경위가 각각이나 그중 공통적인 증언은
처음 소장자인 송후섭은 그의 부친 송대화로부터 사발통문을 유품으
로 물려 받았고 이를 1968년 12월 4일에 송국섭의 아들 송기태가 가보
(家譜)를 보다가 발견하여 정읍 향토사가인 최현식 선생에게 전했으
며, 이것이 다시 김제 김상기 박사에게 전해져 세상에 알려지게 된 것
입니다.

이후 1969년 11월부터 사발통문 발견 사실이 국내 각 언론에 보도되
어 동학농민혁명이 고부 군수 조병갑의 탐학에 못 이겨 우발적으로 일
어난 농민 봉기라는 종래의 주장과는 달리 사전 계획 아래 진행되었다
는 새로운 사실이 국내에 알려져 큰 관심을 불러일으켰습니다.

그러나 현존하는 사발통문이 진본이 아닌 필사본이라는 주장은 같
은 마을에 사는 임두영(1930년 생 : 정읍시 고부면 신중리 주산 마을 거주, 사망)
으로부터 시작되었습니다. 사발통문 원본을 유일하게 목격했다고 주
장하는 임두영 씨가 처음 사발통문을 접한 것이 1946년(당시 16세) 중학
교 2학년 겨울 방학 때로 송창운 씨와 함께 송재섭 씨 집에 가서 보았
다고 증언합니다.

당시 임두영은 송창운의 요청으로 송씨 문중회의에 참석했는데 그
때 송후섭의 부엌에서 처마 밑 환기구멍에 끼워 두었던 보자기에서 사
발통문과 송대화를 동학 접주에서 대접주로 한다는 칙령장, 송두호 교
장칙령장이 나왔다는 것입니다.

그리고 그때 보았던 원본은 창호지 1장 크기(가로 50×세로 70센티미터 정도)로 현존하는 사발통문의 서너 배 크기이며, 종이도 검붉게 퇴색되었으며 한자로 된 서명자 이름 옆에 현재 전하는 사발통문처럼 한글 이름도 달려 있지 않았다고 합니다. 뿐만 아니라 서명자의 글씨체 또한 각각 달랐으며, 이름까지는 몰랐으나 박(朴)씨가 한 사람 있었다고 증언했습니다.

그리고 현재 전하는 사발통문은 훗날 동학혁명모의탑을 건립하기 위하여 송기태가 송창운과 함께 자신에게 협조 요청차 왔을 때 처음 보았다는 것입니다.

그런데 최근 사발통문과 관련된 새로운 문서가 나와 비교 분석이 가능하게 되었습니다. 그것은 송재섭이 1954년에 쓴 것으로 전해지는 『갑오동학혁명난과 전봉준장군실기』(이하 실기)입니다. 이 자료는 그 동안 학계에 별로 알려지지 않은 새로운 것으로 김용섭(金容燮) 씨가 『한국근대농업사연구 Ⅲ』(지식산업사, 2001. 7)란 저서에 사발통문 관련 부분을 일부 소개하고 있습니다. 그는 이 저서에서 이 문건의 입수 경위를 다음과 같이 밝히고 있습니다.

"이 책자는 진암(進菴) 송재섭(1889~1955)이 단기 4287년(1954)에 펜으로 쓴 필사본인데 필자는 박영재(朴英宰) 교수를 통해 박명도(朴明道) 선생(父 朴來源, 祖父 朴寅浩) 댁에 소장되어 있는 원고본의 복사본을 기증받아 보고 있다."

이 문건에는 사발통문 거사 계획의 전문이 실려 있을 뿐 아니라 지금까지 알려지지 않았던 새로운 내용과 기존에 전해지던 사발통문과는 몇 가지 다른 부분이 발견되어 흥미를 끌고 있습니다. 여기에는 이제까지 공개되지 않았던 전봉준이 쓴 비격(飛檄)*이 실려 있고 사발통문*이 실려 있는데 그 서명자 숫자가 20명이 아닌 15명으로 되어 있습니다. 기존의 사발통문에 나오는 서명자 중 임노홍(林魯鴻), 손여옥(孫如玉), 송국섭(宋國燮), 이문형(李文炯), 이봉근(李鳳根) 이상 다섯 사람의 이름이 없습니다. 이는 『실기』가 위 다섯 사람의 이름을 일부 삭제한 것인지, 아니면 기존의 사발통문이 더 첨가된 것인지 지금으로서는 알 수 없습니다.

또 『실기』에는 사발통문 작성 일자가 계사(癸巳) 11월이 아닌 계사 중동(仲冬)으로 나와 있으며 사발통문에 '期日(기일)'이라는 글자가 『실기』에는 '하회(下回)'로 나옵니다.

이상을 종합하여 분석해 보면 지금까지 목격되거나 전해지는 사발통문은 모두 원본 1종과 필사본 2종이 있으며, 현재 전해지고 있는 2종

● 비격飛檄 ●

今之爲臣은 不思報國하고 도절녹위하며 掩蔽聰明하고 가의도容이라 총간지목을 謂之妖言하고 正直之人을 위之비도하여 內無苞圍之재하고 外多학民之官이라 人民之心은 日益유變 入無학생之業하고 出無保구策이라 학政이日사에 怨聲이相續이로다.

自公卿以下로 以至方伯守令에 不念國家之危殆하고 도절비己윤家之計와 전選之門은 視作生화之路요 응試之場은 舉作交역之市라.

許多화뢰가 不納王庫하고 反充사장이라 國有累積之債라도 不念國報요 교사음이가 無所위기라 人路魚肉에 萬民도탄이라.

民爲國本이니 本削則國殘이라 吾道는 유초야유民이나 食君之土하고 服君之義(衣)하며 不可坐視國家之危亡이라 以報公輔國安民으로 爲死生之誓라.

癸巳仲冬下旬 罪人 全琫準 書

은 모두 필사본이며 원본은 아닌 것 같습니다. 그리고 필사본 두 문서 중 어느 쪽인가는 원본대로 필사한 것이 아닌 게 분명하며 시기적으로 사발통문은 1968년에 공개되었지만 『실기』는 1954년에 쓴 것으로 밝혀져 『실기』의 내용이 더 신빙성이 있다고 보아야 할 것입니다.

특히 『실기』에는 기존의 사발통문에서는 볼 수 없는 앞부분의 내용(飛檄)과 누락된 뒷부분이 기술되어 고부 농민 봉기에 대한 새로운 사실을 파악하는 데 도움이 되고 있습니다.

『실기』에 따르면, 전봉준은 고부에서 봉기를 일으키기로 결정하고 송두호, 송대화와 함께 상의했으며 거병(擧兵)의 의의를 밝히는 글을 써서 송주성을 시켜 최시형에게 전하도록 하여 고부에서 농민 봉기를 일으키면 호서에서도 기포하여 빨리 내응할 것을 부탁했습니다. 그리고

● 통문通文 ●

右文爲通諭事 無他라 大廈將傾 此將奈何오 坐而待之可乎아 扶而救之可乎아 奈若何오 當此時期하야 海內同胞의 總力으로 以하야 撑而擎之코저하와 血淚를 灑하며 滿天下同胞의게 衷心으로써 訴하노라.

吾儕飮恨忍痛이 已爲歲積 悲塞哽咽함은 必無贅論이어니와 今不可忍일새 玆敢烽火를 擧하야 其哀痛切迫之情를 天下에 大告하는 同時에 義旗를 揮하야 蒼生를 濁浪之中에서 救濟하고 鼓를 鳴하야 써滿朝의 奸臣賊子를 驅除하며 貪官汚吏를 擊懲하고 進하야 써倭를 逐하고 洋를 斥하야 國家를 萬年盤石의 上에 確立코자 하오니 惟我道人은 勿論이요 一般同胞兄弟도 本年十一月二十日를 期하야 古阜馬項市로 無漏內應하라 若不應者 有하면 梟首하리라

癸巳 仲冬 月 日

전봉준(全琫準), 송두호(宋斗浩), 정종혁(鄭宗赫), 송대화(宋大和), 김도삼(金道三), 송주옥(宋柱玉), 송주성(宋柱晟), 황홍모(黃洪模), 황찬오(黃贊五), 송인호(宋寅浩), 최흥열(崔興烈), 이성하(李成夏), 최경선(崔景善), 김응칠(金應七), 황채오(黃彩五)

各里 里執綱 座下

태인의 최경선, 금구의 김덕명, 남원의 김개남, 무장의 손화중, 부여의
김낙철 등 각 군의 대접주에게 일일이 격문을 보내 함께 일어나도록 촉
구한 다음에 고부 각 면 각 리에 사발통문을 일시에 포고하여 동학농민
혁명이 일어나게 되었다고 밝히고 있습니다.

사발통문의 내용을 살펴보면 다음과 같습니다.

"봉화(烽火)를 들어 그 애통하고 절박한 사정을 천하에 알리는 동시
에 의로운 깃발을 들어 창생(蒼生)을 구하고 북을 울려 조정에 가득 찬
간신도적 무리들을 쫓아내고 탐관오리를 물리치며, 나아가 왜와 서양
세력을 몰아내고 국가를 튼튼히 하고자하니 동학을 믿는 사람은 말할
것도 없이 일반 동포 형제도 1893년 11월 20일에 고부 말목 장터로 모

右와 如한 檄文이 四方에 飛傳하니 物論이 鼎沸하고 人心이 恟恟하얐다. 每日 亂亡를 謳
歌하던 民衆들은 處處에 모혀서 말하되, '낫네 낫서 亂離가 낫서, 에이 참 잘되얏지, 그냥 이
대로 지내서야 百姓이 한 사람이나 남어잇겟나' 하며 下回만 기다리더라.

이때에 道人들은 先後策을 討議하기 위하야, 宋斗浩家에 都所를 定하고 每日雲集하야
次序를 따라 條項을 定하니 左와 如하다.

一, 古阜城을 擊破하고 郡守 趙秉甲를 梟首할 事
一, 軍器倉과 火藥庫를 占領할 事
一, 郡守의게 阿諛하야 人民를 侵魚한 吏屬를 擊懲할 事
一, 全州營를 陷落하고 京師로 直向할 事

右와 如히 決議가 되고, 따라서 軍略에 능하고 庶事에 敏活한 領導者될 將材를 選擇하야
部署를 定하니 下와 如하다.

一, 一將頭에 全琫準
一, 二將頭에 鄭鍾赫
一, 三將頭에 金道三
一, 參謀에 宋大和
一, 中軍에 黃洪模
一, 火砲將에 金應七

이라. 만약 이에 응하지 않는 자는 효수하겠다."

그런 다음 통문을 보낸 15인이 서명을 했으며 기존의 사발통문과 같은 내용으로 격문을 사방에 보낸 후 "낫네 낫서 난리가 낫서. 에이 참 잘 되얏지. 그냥 이대로 지내서야 백성이 한사람이나 남어잇겟나." 하는 민중들의 반응을 적었습니다.

그 다음 고부 농민 봉기를 이끌어 갈 영도자를 정했는데 여기서 전봉준을 최고 우두머리로 정하고 두 번째와 세 번째 우두머리로 각기 정종혁과 김도삼, 참모에 송대화, 중군에 황홍모, 화포장에 김응칠을 선출했습니다.

이렇듯 전봉준 등 고부 농민 봉기의 주도자들은 고부 농민 봉기를 신호탄으로 하여 호남과 호서 일대를 비롯한 전국에서 함께 일어나, 한양으로 올라가 중앙 권신들을 처단하고 왜와 서양 무리들을 이 땅에서 몰아내고자 하는 혁명을 계획한 것이었습니다.

치밀하게 계획된 거사

그렇다면 사발통문 원본은 어디로 갔을까요? 원본은 송주성(宋柱晟 : 서명자 20인 중 1인이며 송두호의 둘째아들)의 둘째아들인 송재섭(1889년 생)이 가지고 있다가 1932년에 만주로 이주하여 1945년 8·15 해방 후 귀국하여 고부 강고리로 돌아와 살던 중, 1946년 1월경 임두영(중2, 당시 16세)이 송창운과 함께 송재섭의 집으로 가서 처음 원본을 보았는데, 크기는 창호지 1장(가로 50×세로 70센티미터 정도) 크기로 필사본의 3~4배

크기이며, 검붉게 퇴색된 종이에 한자로 된 서명자 이름 옆에 필사본처럼 한글 토도 달려 있지 않았으며 각기 서명자의 글씨체도 달랐다고 증언했습니다. 이어 임두영은 전주공고 역사 교사이자 담임인 송갑수에게 사발통문을 봤다고 말하였습니다. 송갑수는 임두영과 송창운을 대동하고 송재섭 집으로 가 사발통문을 확인하고자 했으나 1947년 초 송재섭의 처남인 이충재(당시 『동아일보』 기자)가 세상에 알리겠다며 가져가 결국 보지 못했고 그 후 이충재가 행방불명됨에 따라 원본도 사라지고 없다는 것입니다.

한편 1968년에 송후섭(송대화의 아들) 집에서 발견되었다는 현존하는 사발통문은 송씨 집안을 잘 아는 어느 인물(임두영은 송기태로 추정함)이 필사한 필사본입니다. 임두영은 필사자로 송기태를 지목하는데 송기태(1908년 생)는 1938년에 만주로 건너가 활동하다 1941년에 귀국했습니다. 송재섭이 만주에서 사립학교를 세워 교육 사업을 할 때 그 밑에서 일을 도왔던 송기태가 송재섭이 지닌 사발통문 원본을 보고 필사해 두었거나, 귀국 후 특히 1963년 황토현 정비가 이뤄지는 등 이전과는 분위기가 달라지자 만주에서 보았던 원본을 기억하여 필사했을 가능성이 있습니다.

이와는 달리 사발통문은 송대화가 필사해 둔 것을 송후섭에게 남겨 주었으며, 이것이 세상에 공개되었을 가능성도 있습니다. 그것은 이 사발통문이 송기태가 아닌 송후섭의 가전(家傳) 유품에서 나왔다는 점에서 그러한 추정이 가능합니다.

이상으로 살펴본 바와 같이 사발통문은 그 발견 경위가 명확치 않고

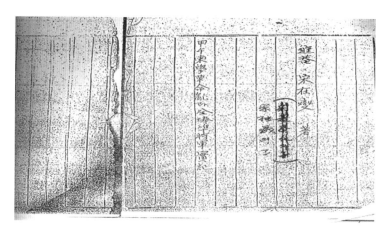

송재섭이 1954년에 쓴 『갑오동학혁명난과 전봉준장군실기』.

진위 논란에 의문점이 있습니다. 그럼에도 불구하고 송재섭이 쓴 『실기』와 현존하는 사발통문의 내용의 많은 부분이 일치하고 있으며, 사발통문 문서가 당시 사발통문 거사 계획에 참여한 20인(또는 15인) 중의 하나이며, 농민전쟁 당시에도 농민군 훈련대장으로 활동한 송대화의 집안에서 나왔다는 점, 또 서명자 모두가 실존 인물로서 그 가운데 전봉준, 최경선은 서울에서, 송두호, 송주옥, 황찬오, 황채오, 손여옥은 나주에서, 김도삼, 황홍모, 김응칠은 전주에서 처형당했는데 10명 모두 1894~1895년 사이에 처형당한 점, 문서 내용에 나타난 사실이 후에 모두 실제로 일어났거나 추진되었다는 점과 당시의 정황상 그러한 사실적 개연성이 충분하다는 점에서 문서 내용 자체를 부정하는 것은 무리로 보입니다.

한편 사발통문 서명자 명단에서 동학농민혁명의 3거두 중 손화중과 김개남의 이름은 보이지 않습니다. 그러나 여기서 주목할 것은 최경선(崔景善)이 사발통문 서명자로 등장한다는 사실입니다. 특히 최경선이 당시 고부와 행정구역이 다른 태인에 거주한 사람인데도 불구하고 서명자 대열에 참여한 점에 주목할 필요가 있습니다. 이는 고부 농민 봉기가 단순히 고부 군수 조병갑에 대한 일시적 감정의 폭발로 일어난 민란이 아니라 여러 지역의 사람들이 모여 사전 치밀하게 계획된 거사임을 말해 주고 있습니다. 그리고 고부 농민 봉기의 궁극적인 목적 또한 고부라는 일개 지역의 잘못된 정치를 바로잡고자 하는 제한적인 것이 아니라, 그들이 사발통문에 결의한 내용과 같이 고부에서 일어나 전주를 점령하고 곧바로 한양으로 올라가 중앙 정권을 쳐서 잘못된 정치의 근본을 해결하고자 했던 것입니다.

동학농민혁명 당시 전봉준 장군의 진중(陣中) 수행원임을 밝힌 김홍섭(1965년 10월 28일 92세를 일기로 사망)의 회고 기록을 보면,

읍접주들(邑接主)과 기병모의(起兵謀議)

김옹이 전봉준 장군을 처음 알게 된 것은 1893년 12월 10일 무장군 동음치 당상리(현 고창읍 공음면)의 송문수(宋問洙) 씨 댁에서 전 장군이 잠시 몸을 피하면서 동학교 접주 손화중. 김성칠(金聲七). 정백현(鄭伯賢). 송문수(宋問洙) 등 네 사람과 자리를 같이하고 전라감사 김문현의 폭정에 일어날 것을 약속·기병(起兵)을 모의할 때였다.

그 후 1894년 2월 19일엔 당시 동음면 신촌리(冬音面 新村理)의 김옹 집에 다시 모여 행동 준비를 구체화했는데 여기 모인 사람은 전기 손, 김, 정, 송씨

외에 김개남, 서인주(徐仁周), 임천서(林天瑞), 김덕명, 강경중(姜敬重), 김영달(金永達), 고영숙(高詠淑), 최재형(崔載衡) 들이었다. 김옹의 부친 김성칠 접주는 그 준비 공작금으로 쌀 50섬을 내놓았다(1965년 11월 5일자 『중앙일보』).

여기서도 전봉준은 서인주와 손화중, 김개남, 정백현, 김덕명, 강경중, 고영숙 등 훗날 백산 봉기에서 농민군 지도부가 되는 남접의 유수한 수령들과 고부 봉기 이전부터 혁명을 논의한 것으로 되어 있습니다. 특히 고부에서 농민 봉기가 발발한 지 사흘 만에 전봉준은 무장으로 달려가 앞에 거론한 인물들과 거사 논의를 했다는 점에 주목할 필요가 있습니다.

사발통문 거사 참여자 후손들이 성금을 모아 1969년에 건립한 동학혁명모의탑.

무명농민군위령탑 백 주년이 되는 1994년 각계각층의 성금을 모아 이름 없이 싸우다 숨져 간 동학 농민군 영령을 위로하기 위해 사단법인 정읍동학농민혁명계승사업회가 건립하였다.

● 생생한 사료 보기

사발통문

 기존에 알려진 사발통문은 가로 48.5센티미터, 세로 33.5센티미터 크기의 1장짜리 한지에 국한문 혼용으로 총 330자의 글을 붓으로 기록해 놓은 문건입니다. 그중 서명자 20명의 이름이 원형으로 적혀 있습니다.

 가)
 계사 십일월 일(癸巳 十一月 日)

전봉준(全琫準), 송두호(宋斗浩), 정종혁(鄭鐘赫), 송대화(宋大和), 김도삼(金道三), 송주옥(宋柱玉), 송주성(宋柱晟), 황홍모(黃洪模), 최홍열(崔興烈), 이봉근(李鳳根), 황찬오(黃贊五), 김응칠(金應七), 황채오(黃彩五), 이문형(李文炯), 송국섭(宋國燮), 이성하(李成夏), 손여옥(孫如玉), 최경선(崔景善), 임노홍(林魯鴻), 송인호(宋寅浩) 〈둥글게 서명한 서명자 20명을 전봉준을 중심으로 하여 시계 방향으로 정리함.〉

각리리집강 좌하(各里里執綱 座下)

나)

우(右)와 여(如)히 격문(檄文)을 사방(四方)에 비전(飛傳)하니 물론(物論)이 정비(鼎沸)했다. 매일난망(每日亂亡)을 구가(謳歌)하던 민중(民衆)들은 처처(處處)에 모여서 말하되 "났네 났어 난리가 났어." 에이 참 잘 되었지. 그냥 이대로 지내서야 백성(百姓)들이 한 사람이나 어디 남아 있겠나 하며 기일이 오기만 기다리더라.

다)

이때에 도인(道人)들은 선후책(善後策)을 토론결정(討議決定)하기 위하여 고부 서부면 죽산리(古阜 西部面 竹山里) 송두호가(宋斗浩家)에 도소(都所)를 정(定)하고 매일운집(每日雲集)하여 차서(次序)를 결정(決定)하니, 그 결의(決議)된 내용(內容)은 좌(아래—인용자)와 여(如)하다.

  1. 고부성(古阜城)을 격파(擊破)하고 군수(郡守) 조병갑(趙秉甲)을 효수(梟首)할 사(事).

  1. 군기창(軍器倉)과 화약고(火藥庫)를 점령(占領)할 사(事).

  1. 군수(郡守)에게 아유(阿諛)하여 인민(人民)을 침어(侵漁)한 탐리

(貪吏)를 격징(擊懲)할 사(事).

1. 전주영(全州營)을 함락(陷落)하고 경사(京師)로 직향(直向)할 사 (事).

우(右)와 같이 결의(決議)되고 따라서 군략(軍略)에 능(能)하고 서사 (庶事)에 민활(敏活)한 영도자(領導者)될 將…… 〈여기서부터 누락됨, 띄어쓰기와 맞춤법을 현대식으로 바꿈.〉

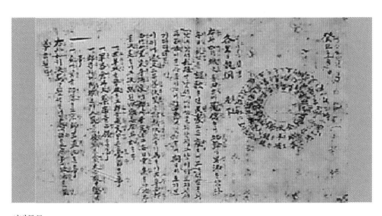

사발통문.

● 사발통문 서명자 규합을 위해 주도적 역할을 했던 송대화 는 어떤 인물인가? ●

송대화(1858~1919)는 사발통문을 작성한 때 장소를 제공했던 송 두호의 큰아들로서, 1894년 9월에는 동학의 접주에서 대접주로 승격 한 중요한 인물입니다. 『전봉준 전기』(정음사, 1974)를 쓴 김의환은 고부 신중리 주산 마을에 와서 당시 80세인 임기인(林基寅 : 사발통 문 서명자 20인 중 1인인 임노홍의 아들) 노인에게 들은 이야기라며 동학농민혁명 이후 송대화의 행적을 다음과 같이 전하고 있습니다.

"송대화는 계사년 동학의 두목으로 이 마을에서 크게 활약했다. 갑오동학란 이후 관군에 의해 집과 가구 일체를 소각당하고 피신했 다가 잡혀 일족의 구명 운동으로 풀려 나와 도피해 버렸다. 당시 소 유 토지는 2,000여 평으로 자작농이었는데 그 후 관군에 의해 몰수당 했다. 도피 후 임피로 가서 성을 바꾸어 장성팔(성을 팔아 장으로 한 다는 것)이라 하여 고용살이를 하다가 부인을 얻어 송후섭을 낳았다. 그 후 다시 강원도로 가 훈장 노릇을 하다가 甲辰年(1904)에 고향으 로 돌아와 丁未年(1907)까지 흥덕 일진회 회장을 역임했는데, 천도교 가 생긴 후 그만두었다."

한편 임두영의 증언을 살펴보면 송대화는 동학 농민군 훈련대장 이었으며 동학 농민군이 참패하자 전봉준과 나주에서 헤어져 군산 임피로 가서 장성팔로 이름을 바꿔 신분을 숨긴 채 머슴살이를 하던 중 주인의 눈에 들어 그 집 데릴사위가 되어 살다가 훗날 고부 신중 리로 돌아와 송후섭을 낳았다는 것입니다.

또 송기남의 증언을 들어 보면 송대화는 진등(고부 신중리와 만화 리 접경)에서 총을 맞고 죽은 체하여 위기를 넘긴 후 임피로 가서 변 성하여 장성팔이라 하고 머슴살이를 하다가 그 집 데릴사위가 되어 큰딸을 낳고 작은딸을 임신한 채 이곳(고부 신중리)으로 왔으며 후에 송후섭을 낳았다고 합니다.

다시 송종수의 증언으로는 송대화가 1894년 겨울 나주 전투를 끝으로 각기 분산하여 고향 근처에 잠입했다가 현 정읍시 입석리 부근에서 관군의 총탄을 어깨에 맞고 쓰러져 있다가 생포를 모면하고 임피로 도망갔다고 합니다. 그리고 그는 그곳에서 장성팔이라는 이름으로 강씨 집 머슴살이를 하며 숨어 지내다가 그 집 딸과 결혼하게 되었다는 것입니다.

그의 가족 상황은 전처 박씨한테 딸 하나를 두었고, 후처 강씨에게서 딸 셋과 아들 하나를 두었으며, 그중 큰딸은 임피에서 출생했고 작은딸은 임신한 채 1905년 초에 귀향하였으며 1911년 뒤늦게 아들 송후섭을 낳았다고 합니다. 그는 고향에 설치된 천도교 487교리강습소에서 포교 활동을 하다가 1919년에 사망했다고 전합니다.

이들 증언 중 임기인은 송대화가 관군에게 잡혔다고 하고, 송기남은 진등 전투에서 총을 맞았다고 하며, 임두영은 관군에게 체포되거나 총을 맞은 적이 없이 나주에서 임피로 피신했다는 점에서는 세 사람이 조금씩 다르게 증언하고 있으나 그 후의 행적은 대체로 동일하게 증언하고 있습니다.

4. 고부 농민 봉기와 말목 장터

사발통문 거사 계획은 보류되고 말았습니다. 고부 고을의 분위기가 어수선해지자 전라감사 김문현이 중앙에 보고하여 고부 군수 조병갑을 11월 30일자로 익산 군수(益山郡守)로 발령 냈기 때문이었습니다. 그러나 조정에서 12월 한 달 동안에 다섯 사람이나 차례로 고부 군수를 임명했으나 모두 갖은 핑계로 부임하지 않았습니다. 이들이 풍요로운 고부를 마다한 이유는 당시 관리들의 인사를 담당하는 주무 장관인 이조 판서 심상훈이 조병갑과 사돈지간이기 때문이었습니다.

조병갑이 고부를 떠나지 않으려고 중앙에 손을 쓰고 있다는 것은 모두가 다 아는 사실인데 눈치 없이 얼씨구나 하고 고부 군수로 부임해 온다면 심상훈의 눈 밖에 나서 출세를 기대하기 어렵게 되기 때문이었지요. 그래서 결국 조정에서는 조병갑을 고부 군수로 재발령을 냅니다.

한편 조병갑이 익산 군수로 발령이 나자 1차 공격 목표를 상실해 버린 전봉준 등은 거사를 미루어 오다가 갑오년 정월(正月) 9일에 와서 조병갑이 다시 고부 군수로 유임되자 마침내 때가 왔다고 판단하여 고부 관아를 습격, 군수 조병갑과 향리(鄕吏)들을 처단하기로 했습니다.

갑오년 정월 10일에 예동(禮洞) 마을에 풍물패를 일으켜 사방으로부터 모인 군중의 대오를 정비하고 대나무로 죽창을 만들어 무장을 시킨 뒤 2개 진으로 나뉘어 1진은 전봉준 장군과 정익서가 인솔하여 정읍시 영원면 운학동을 거쳐 고부 뒷모실 방죽으로 가고, 2진은 김도삼이 인솔하여 산매와 도계리를 거쳐 뒷모실 방죽 끝에서 전봉준 장군과 합세하여 고부 관아를 기습 습격하니 조병갑 군수는 어느새 줄행랑을 치고 말았습니다.

전해 오는 말로는 이때 조병갑의 방에서 보약 사발을 발견하고 손을 대 보니 아직 식지 않아 도망친 지 얼마 안 되니 주위를 철저히 수색하라고 했답니다. 그러나 조병갑은 고부 입석리 진선 마을에 살고 있던 정 참봉 집에 숨었다가 변장을 하고 그날 밤 정읍으로 나와 순창을 거쳐 전주 감영으로 몸을 피했습니다.

조병갑의 학정에 분노하여 일어난 농민들은 고부 관아를 점령하고 창고에 쌓인 곡식을 인근 빈민들에게 나누어 주고 억울하게 감옥에 갇힌 죄수들을 풀어 준 후 말목 장터로 나와 진을 쳤습니다.

이때 고부 관아를 점령한 농민군은 상당한 조직력과 군율이 있었던 것으로 보입니다. 봉기 직후인 11·12·13·14일에 가담한 촌락 수가 무려 15개 마을이었으며, 이를 통할하는 사람을 각 촌마다 5명씩 두었는데, 농민군 지휘부가 책임을 자신들에게만 한정하지 않고 각각 마을의 동장·집강에게도 공동책임을 지게 했던 것입니다. 또 적과 동지

조병갑이 음풍농월을 즐긴 고부 군자정.

를 구분하는 징표로 동학 농민군 왼손에 노끈을 매도록 한 사실은 고부 농민 봉기 당시부터 전봉준을 위시한 지도부는 상당한 조직적인 준비와 대응을 하고 있었음을 말해 주는 것으로 이 또한 고부 농민 봉기가 우발적인 단순 민란이 아님을 보여 주는 대목입니다. 또 타 지역에서 온 모르는 동학 농민군과 처음 인사를 할 때 "음." 하고 물으면 "송." 하고 대답을 하도록 암호를 정하기도 했습니다. "음"은 "동학에 들어가 청수(淸水 – 맑은 물)를 마셨느냐?"는 물음으로 입도 절차를 거쳤느냐의 뜻이며, "송"은 "주문도 외웠다."는 뜻으로 동학 농민군과 관군의 정탐꾼을 분간해 내는 암호인 셈이었습니다.

실제로 전라감사 김문현은 말목 장터로 전봉준 등 농민군 지도부를 암살하려고 정석진 이하 10여 명의 군졸을 파견합니다. 정석진은 전봉준과 면담을 하여 해산을 종용했는데 때마침 파견된 군졸 10여 명이 담배 장수로 위장하여 말목 장터로 들어오는 것을 본 전봉준 장군은 그들

정읍시 고부 전경.

을 포박하도록 하고 봇짐을 확인해 보니 담배 대신 병장기가 들어 있어 즉시 잡아들였습니다.

잠시 후 전봉준 장군이 그들의 포박을 풀게 하고 이렇게 말하며 풀어 주었다고 합니다.

"너희들은 전주 감영에 있는 장교들이 아니냐? 이미 아는 바 있으니 숨기지 마라. 우리는 결코 너희를 해치고자 하는 자가 아니다. 너희 또한 불쌍한 자들이라, 남의 노예의 생활로써 구구한 생명을 보전하는 자이니 너희가 무슨 죄 있겠느냐."

이 사건 이후로 전봉준 장군은 휘하 장령들과 함께 논의하기를 장차 관군이 공격해 올 터인즉 말목 시장은 민가가 밀집되어 있어 백성들의 피해가 우려되니 민가가 별로 없는 백산으로 이동하는 것이 좋을 듯하다 하였습니다. 그러자 장령들 또한 이 의견이 타당하다 하여 백산으로 옮겨 진을 치고 백산성을 쌓는 등 장차 있을 전투에 대비했습니다. 또

말목 장터 전경(정읍시 이평면 소재지).

전봉준 장군은 이전부터 논의해 왔던 함열 조창(咸悅漕倉) 습격 문제를 다시 꺼내니 한편에서는 "함열 조창에 나아가 전운영(轉運營)을 격파하고 전운사 조필영을 처단하자."고 주장했지만, 또 한편에서는 "농민 봉기가 지역 경계를 넘으면 반란의 혐의를 받을 수 있다." 하며 반대가 일자 함열 조창 습격 문제는 다음으로 미루게 되었습니다.

한술 더 뜬 안핵사 이용태

이번에는 고부 농민 봉기에 대한 정부의 대응을 살펴보기로 하지요. 고부 농민 봉기가 장기화되자 정부에서는 고부 군수로 박원명을 새로 임명하는 한편 장흥 부사였던 이용태를 고부군 안핵사(조선 후기 지방에

무장 객사.

서 사건이 발생했을 때 처리를 위해 파견한 임시 직책)로 임명하여 고부 농민 봉기를 조사 처리하도록 했습니다.

새로운 고부 군수로 임명된 박원명은 농민군 우두머리들을 만나 농민들의 요구 사항을 시정하겠다는 약속과 아울러 지금 해산하면 그 누구도 책임을 물어 처벌하지 않겠다고 적극적으로 설득을 했습니다. 당시 일반 수령과는 달리 성의 있게 설득하는 군수의 태도와 악질 군수 조병갑을 몰아냈으니 그 목적을 달성했다고 생각한 농민들은 결국 하나 둘 해산하기에 이르렀습니다.

한편 안핵사 이용태는 고부 농민들이 해산했다는 소식을 듣고서 역졸 800명을 이끌고 고부로 들어와 진상 조사를 한답시고 군수 박원명이 약속한 내용을 뒤집어엎고 주모자를 찾아내라고 위협하며 닥치는 대로 백성들을 구타하고 재산을 약탈하며 집집마다 불을 지르며 부녀자를 강간하는 만행을 자행했습니다. 이용태 또한 조병갑 못지않은 탐

무장 동음치 구수마을 동학 농민군 집결지 기념 조형물.

관오리였던 것이지요.

이때 전봉준은 전라도 무장(현, 고창군 무장면)에 있었습니다. 말목 장터에서 농민들의 해산을 만류하던 그는 상황이 여의치 않자 인근 민가에 무기를 분산시켜 감춰 놓고 무장으로 달려간 것입니다. 재차 봉기를 일으키기 위해서는 손화중의 도움이 필수적이라 생각했기 때문이지요. 당시 손화중은 무장에서 전라도에서 가장 큰 동학 조직을 이끌고 있었습니다.

처음에는 시기상조라며 머뭇거렸던 손화중도 고부의 참상이 전해지자 전봉준과 함께 봉기하지 않을 수 없게 되었지요. 이들은 인근의 동학 접주들에게 '제폭구민(除暴救民, 폭정을 제거하여 백성을 구한다)'과 '보국안민(輔國安民, 나라를 돕고 백성을 편안하게 한다)'의 깃발을 높이 들고 사발통문을 돌려 분연히 일어서 주기를 호소했습니다.

말목 장터 감나무 이야기

말목 장터는 현재 정읍시 이평면 소재지의 부안, 태인, 정읍으로 가는 길이 만나는 삼거리에 위치하고 있으며 갑오년 이전부터 농산물 거래 시장이 섰던 곳이랍니다. 현재 말목 장터엔 장이 섰다는 흔적을 찾아볼 길이 없고 다만 그 당시 전봉준 장군이 연설을 마치고 그곳에 서 있던 감나무에 기대어 앉자 감나무 가지가 보호하려는 듯이 내려앉았다는 얘기와 함께 180여 년 된 감나무만이 말없이 그날을 증언하고 있습니다. 이 때문에 이 감나무는 지방기념물 제110호로 지정되었습니다.

정읍시 이평면 말목 장터의 감나무. 지금은 그 흔적조차 볼 수 없어 아쉬움이 크다.

그러나 안타깝게도 2003년 8월 25일 오후 3시 30분 경 태풍 매미에 의해 밑동이 부러져 지금은 볼 수 없게 되고 말았답니다. 고부 농민 봉기를 지켜보았던 유일한 증인(?)이 사라져 버리고 만 것이지요. 현재 부러진 감나무는 황토현에 있는 동학 농민혁명기념관으로 옮겨져 보관하고 있답니다.

1차
동학농민혁명
(3월 봉기)

농민군 4대 행동 강령

① 사람을 죽이지 말고 재물을 손상시키지 말 것.

② 충효를 다하여 제세안민(濟世安民)할 것.

③ 왜적을 몰아내고 성도(聖道)를 밝힐 것.

④ 병(兵)을 몰아 서울에 들어가 권귀(權貴)를 진멸(盡滅)시킬 것.

1. 서면 백산 앉으면 죽산

드디어 갑오년 3월, 약속의 땅인 동진 강가에 있는 백산 기슭에는 고창, 부안, 금구, 태인, 무장, 정읍, 김제, 영광, 함평, 무안, 홍덕, 장성 등 각지에서 농민군이 몰려들었고 그 숫자는 대략 4,000명에 가까웠습니다. 주요 인물로는 전봉준, 손화중을 비롯하여 태인의 김개남 · 최경선, 정읍의 손여옥 · 차치구, 고부의 정익서 · 김도삼 등이었습니다.

끝없이 펼쳐진 들판에 솟아 있는 야산인 백산의 봉우리에는 제폭구민(除暴救民), 보국안민(輔國安民)이라는 깃발이 펄럭이고 흰옷을 입은 농민군이 대오를 짜 진지를 구축했습니다. 죽창을 단단히 쥔 농민군의 함성은 밤낮 없이 지축을 흔들어 놓았습니다. 그래서 흰옷 입은 농민들이 서 있으면 온 산이 하얗게 보이고, 앉아 있으면 그들이 들고 있던 대나무 창이 온 산을 이룬다 하여 '서면 백산(白山)이요, 앉으면 죽산(竹山)'이라는 말이 회자되기도 했습니다. 이른바 본격적인 1차 동학농민혁명이 시작된 것입니다.

앞서 밝힌 대로 백산에 모인 농민들은 전봉준을 총대장으로 손화중·김개남을 총관령으로 추대했으며, 김덕명·오시영이 총참모가 되고 최경선이 영솔장, 송희옥·정백현이 비서가 되는 등 농민군 지휘부가 형성되었습니다. 그리고 이곳에서 그 대의를 밝히는 격문을 사방에 날리는 동시에 농민군 규율인 4대 행동 강령을 마련하여 명실 공히 군대의 대오를 형성하였습니다.

이때 농민군은 머리에 띠를 두르고 베옷을 입었으며, 무기로 화승총이나 죽창을 들고 붉은 바탕에 '보국안민' 이라고 쓴 큰 깃발을 앞세웠습니다.

격문

우리가 의(義)를 들어 이에 이른 것은 그 본뜻이 다른 데 있지 아니하고 창생을 도탄 가운데서 건지고 국가를 반석의 위에다 두고자 함이라. 안으로는 탐관오리의 머리를 베고 밖으로는 횡포한 강적의 무리를 내쫓고자 함이라.

양반과 부호에게 고통을 받는 민중들과 방백과 수령의 밑에 굴욕을 받는 소리들은 우리와 같이 원한이 깊을 것이니, 조금도 주저치 말고 이 시각으로 일어서라. 만일 기회를 잃으면 후회하여도 미치지 못하리라.

농민군 4대 행동 강령

① 사람을 죽이지 말고 재물을 손상시키지 말 것.
② 충효를 다하여 제세안민(濟世安民)할 것.

③ 왜적을 몰아내고 성도(聖道)를 밝힐 것.

④ 병(兵)을 몰아 서울에 들어가 권귀(權貴)를 진멸(盡滅)시킬 것.

　이로써 농민군은 부패한 봉건 정부를 향해 동학농민혁명의 엄숙한 선전포고를 한 셈이었습니다. 농민군은 사랑하는 부모님과 처자식을 뒤로하고 바야흐로 한치 앞도 알 수 없는 백척간두의 싸움을 시작한 것입니다.

백산창의비　높이가 약 4.7미터 정도밖에 되지 않지만 주위가 모두 들판이라 마치 높은 산에 올라가 있는 듯 모든 전망이 한눈에 들어온다.

● 역사 산책

무장 봉기설과 백산 봉기설에 대하여

1980년 이전에는 백산 봉기를 동학농민혁명의 본격적인 1차 봉기 시점으로 보는 데 별다른 이견이 없었습니다. 그러다가 신용하 교수가 1985년 『한국학보』(1985 여름호) 「동학농민혁명의 1차 농민전쟁」에서 전봉준 판결문을 들어 무장 기포설을 최초로 주장했습니다. 그 뒤 역사학회 월례 발표회(1992. 3. 14)에서 『수록(隨錄)』의 기사를 근거로 주장한 노용필 교수, 「동학농민혁명 연구」라는 논문에서 역시 무장 기포설을 주장한 정창렬 교수가 있습니다.

이들은 오지영의 『동학사(東學史)』에서 고부 농민 봉기와 3월의 무장 기포 사실을 혼돈하여 기록했음에도 불구하고 이를 그대로 인용한 기존 학자들의 오류로 고부 봉기설이 정설처럼 굳어져 왔으며, 따라서 자연히 무장 포고문의 포고 일자도 잘못된 것이라 주장합니다.

그리고 1980년 중반 이전의 기존 학계에서 무장 포고문의 포고 일자를 잘못 본 이유는 봉기지를 무장이 아닌 고부로 보았기 때문이며, 무장 포고문에 날짜가 기록되지 않아 그 날짜를 갑오 농민군이 고부에서 봉기하여 황토현 전투 이후 무장을 점령하고 3일 동안 진(陣)을 치고 머문 후인 4월 12일경에 포고한 것으로 보았기 때문이라고 주장합니다. 그러므로 무장 기포설을 주장하는 학자들은 무장 포고문의 포고 시기를 무장 동음치에서 봉기할 당시인 3월 21일경으로 보고 있습니다. 이러한 주장의 근거로는 무장 포고문이 『동비토록(東匪討錄)』과 『수록』의 맨 앞에 기록되어 있다는 점을 들고 있습니다.

『동비토록』은 1963년 8월 국사편찬위원회가 강릉 지방에서 발굴한 자료인데 그 첫머리에 무장 포고문이 실리고 그 끝에 쓰인 주기로 미루어 이는 전라감사 김문현이 전보로 보고한 것이며, '초오일술각전보(初五日戌刻電報)'라 하여 4월 5일 오후 9시경에 정부에 접수된 내용이라는 점을 들어 4월 7일에 있었던 황토현 전투 이후에 발표된 것이라는 주장이 잘못되었다는 것입니다.

『수록』은 일본 교토(京都) 대학 가와이 문고의 소장본으로 1992년 노용필 교수에 의하여 일반에 알려진 사료로 필사본이며 총 123장에 이릅니다. 여기에는 갑오년(1894) 3월부터 광무 2년(1898) 7월까지 4년에 걸친 전라도 지방의 관청 사항이 주로 수록되어 있습니다.

이중 3월 22일에 접수된 무장현감 조명호(趙命鎬)의 보고인 "이달 16일 무장현 동음치면 당산리(冬音峙面 堂山里)에 수상한 무리들 수천 명이 모여 머물고 있는데…… (중략) 그들 말로는 일간 다른 지역으로 옮기겠다 하고……"라는 기록을 무장 기포설의 근거로 삼고 있습니다.

한편 신용하 교수는 『전봉준판결선고서 원본(全琫準判決宣告書 原本)』과 『전봉준 공초』의 다음 내용을 그 주장의 주요 근거로 하고 있습니다.

이에 피고(被告)가 다시 기도(基徒·동학 농민군)를 규합(糾合)호여 모병(募兵)호되 만일 불응자(不應者)는 불충불의(不忠不義)된 사람이니 반드시 벌(罰)을 쥬리라 호고 다른 사람을 혁박(脅迫)호여 기도(基徒) 사천여 명(四千餘名)을 어더 가지고 각기소유(各其所有)호 흉기(凶器)를 가지고 식량(糧食)은 기지방민(基地方民)에게 징봉(徵捧)ᄒ여 시년(是年) 사월상순분(四月上旬分)에 피고(被告)가 친(親)히 기도(其徒)를 영솔(領率)하ᄒ 전라도 무장(全羅道 茂長)에서 일어나 고부(古阜) 태인(泰仁), 원평(院坪), 금구(金溝) 등처(等處)를 갈시……(『전봉준관결선고서 원본』).

★ 풀이

이에 피고가 다시 그 무리(동학 농민군)를 규합하여 병사를 모으되 만일 여기에 응하지 않는 자는 불충불의한 사람이니 벌을 주리라 하고 다른 사람을 협박하여 그 무리 4,000여 명을 얻어 가지고 각기 소유한 흉기를 가지고 양식은 그 지방민에게 거두어들여 그해 4월 상순경에 피고가 친히 그 무리를 영솔하여 전라도 무장에서 일어나 고부 태인 원평 금구 등처를 갈새…….

(問) 작년 삼월(昨年 三月)에 고부(古阜)에서 기포(起包)하여 전주(全州)로 향하는 간(間)에 기읍(幾邑)을 경(經)했으며 기차(幾次) 접전(接戰)했느냐?

(供) 소경읍(所經邑)은 무장(茂長)서 고부(古阜)로 유(由)하여 태인(泰仁) 금구(金溝)를 경(經)하여 전주(全州)에 달(達)하려다가 영병(營兵) 만여명(萬餘名)이 하래(下來)한다는 말을 듣고 부안(扶安)에 가서 고부(古扶)의 환지영군(還至營軍)과 접전(接戰)했다(『전봉준 공초』).

★ 풀이

질문 : 작년 3월에 고부에서 기포하여 전주로 향하던 사이에 몇 개의 읍을 지났으며 몇 차례 전투를 했느냐? 답변 : 거친 읍은 무장에서 고부로부터 태인 금구를 거쳐 전주에 도달하려다가 전라 감영병 만여 명이 내려온다는 말을 듣고 부안에 가서 고부의 영병들과 전투를 했다.

정창렬 교수 또한 신용하 교수와 같은 사료의 내용을 근거로 무장 기포설을 주장하고 있습니다. 아울러 무장 기포의 날짜를 『주한일본공사관기록1』에 실려 있는 「전라도고부민요일기」의 다음과 같은 기록을 내세워 3월 20일이 확실하다고 했습니다.

그런데 급보(急報)가 하늘에서 날아왔으니, 3월 20일 이날 흥덕리(興德里)의 장꾼들이 돌아와서 이르기를, 동학군 수만 명이 무장(茂長)의 굴치(屈峙)를 넘어서 흥덕을 지났다고 한다. 다음 날은 고창(高敞)에 모여 점차 서쪽으로 올라가고, 일부 군대는 정읍(井邑)에서 고부(古阜)로 들어가고, 일부 군대는 사포(沙浦)를 지나 줄포(茁浦)로 왔다(줄포에서 파계생).

또 이는 충청도 면천(沔川)에 유배 생활을 하고 있던 김윤식(金允植)의 『면양행견일기(沔陽行遣日記)』 4월 4일조에서 "듣건대 호남(湖南)의 무장·고창 등지에서 동학 수천 명이 깃발을 세우고 총을 쏘며……"라는 기록이 위의 파계생의 일기(日記)와 들어맞는다고 주장했습니다. 그 외 황현의 『오하기문』에는 다음과 같은 무장 포고문 전문을 실었다.

지난날 봉준은 집이 가난하고 도움받을 만한 곳도 없어 약을 팔아 생계를 유지하면서 방술(方術)을 익혔다. 언젠가 지관을 초청하여 묏자리를 부탁하면서 "만약 크게 왕성할 자리가 아니면, 아주 망하여 후사가 끊어지는 곳을 원한다."고 했다. 그 사람이 이상하게 여기자 봉준은 탄식하면서 "오랫동안 남의 밑에서 살면서 구차하게 성씨를 이어 가느니 차라리 후사가 끊어지는 것이 낫다."고 했다. 그는 오래전부터 동학에 물들어 있었으며 요사한 지식에 미혹되어 늘 울분에 차 있었는데, 고부에서 민란이 일어나자 사람들에 의해 우두머리로 추대되었다.

그리하여 그 일당 김기범, 손화중, 최경선 등과 화를 복으로 바꾸어 준다는 꾀로 백성들을 유혹하고 선동하여 그들을 끼고 함께 반란을 일으키고는 큰소리로 "동학이 하늘을 대신하여 세상을 다스려 나라를 보호하고 백성들을 편안케 할 것이다. 우리는 살상과 약탈을 하지 않을 것이나, 오직 탐관오리만은 처벌할 것이다."라고 했다. 동학이 난민과 함께 어우러진 것이 이때부터였다. 봉준 등은 무장에서 큰 집회를 열고 그들의 생각을 민간에 널리 알렸는데, 그 내용은 다음과 같다.

그리고 이를 근거로 무장 기포설을 주장했습니다. 또 박문규(朴文奎)의 『석남역사(石南歷史)』를 인용하여 주장의 근거로 삼고 있습니다. 박문규는 1879년 고부 궁동면 석지리 출신으로 73세 때 자신의 일생을 회고하는 내용을 기술한 『석남역사』를 남겼습니다. 그 기록에서 그는 8세 때 전봉준의 서당에서 수학했음과 1894년 고부 농민 봉기의 목격담을 회고했는데 특히 무장 기포설의 근거로 제시되는 내용은 다음과 같습니다.

4월 초이일에 동학군이 무장 임내(茂長 林內) 안 산골 속에서 취중(聚衆)하와 무장 고창 고부 삼사군을 위성하여 군기를 탈취해 가지고 말목 예동으로 행진을 하와 백산으로 이진을 하고 있다.

이러한 무장 봉기설의 주장을 반박하는 대표적인 학자로는 김인걸 교수, 『갑오동학혁명사』를 저술한 최현식 선생, 표영삼 천도교 상주선도사를 들 수 있습니다. 김인걸 교수는 『1894년 농민전쟁연구4』, 「1894년 농민전쟁의 1차 봉기」에서, 표응삼 선도사는 「금산지역 동학혁명운동」이란 논문에서 다음과 같은 결론으로 무장 기포설을 부정했습니다.

전봉준은 고부 접주의 이름으로 고부를 들어 기포했던 것이다. 뒤에 언급하듯이 무장에는 3월 16일부터 각지의 '동학'들이 집결하기 시작했는데, 동학도들이 이렇게 움직이기 위해서는 그 이전에 이미 '기포'의 명이 있어야 한다는 점을 고려한다면 '무장 기포'에 의해 본격적인 농민전쟁이 시작된다고 하는 설명은 적절치 못한 것이 된다.(중략)

즉 1차 봉기는 단지 무장에 집결한 전봉준 중심의 3,000여 주력군만이 주체가 아니라 호서의 동학 조직 등이 연계된 연합군이 상정될 수 있는 것이다. 홍계훈이 '양호초토사'로 파견되었던 것도 우연한 일이 아니었을 것이다.

또 최현식 씨는 다음과 같은 내용을 근거로 무장 기포설을 반박하고 있습니다.

첫째, 전봉준의 판결문은 전봉준의 개인적인 조사 기록이기 때문에 이를 전체로 규정하는 데는 또 다른 문제가 있다. 즉 갑오동학혁명의 역사적 사실을 전봉준의 개인적인 행동으로 볼 수 있겠는가 하는 문제이다(동도대장東徒大將으로 추대되기 이전이기 때문에). 또 필자 불명의 『수록』의 기록은 무장 현감이 동학도의 집결을 보고한 것에 불과하며 그 이상의 내용은 찾아볼 수 없다. 이 무렵 동학 농민군의 집결지는 부안, 고부, 태인 등지에도 있었다. 따라서 무장의 집결은 전체의 일부라고 볼 수밖에 없다.

둘째, 전봉준의 공초 275개 문항 가운데 '고부 기포' 란 표현은 있으나 (1차 공초 2회) 무장 기포라는 표현은 없다.

셋째, 백산에서 각 지역의 농민군들이 모여 비로소 동학 농민군으로서의 대오를 결성했으니 이곳을 기포지로 보는 것이 타당할 것이다.

넷째, 동학 농민군의 진압에 나선 관군이 고부로 출동했다는 점이다. 만일 기포지가 무장이었다면 관군이 무장으로 출동했을 것이다.

다섯째, 전봉준은 왜 무장에 머물렀던가. 원래 전봉준은 접주일 뿐 포(包)를 거느리지 못했다. 공초에서 말한 바와 같이 동학의 교를 행한 일이 없기 때문에(無東學行敎之事―1차 공초) 접주로서의 조직을 갖지 못했던 것이다. 그리하여 그는 밀접한 관계에 있는 손화중 포를 거느리기 위해서 무장에 머물렀다. 당시 손화중 포는 도내에서 가장 거포(巨包)로 알려져 있었다.

표응삼 선도사는 다음과 같이 무장 기포설을 부정하고 있습니다.

『금산피화록(錦山被禍錄)』에는 3월 초에 금산 지역에서 동학 농민군이 기포했다고 기록되어 있고, 『금산군지(錦山郡誌)』에는 "3월 8일에 무장한 동학군이 제원역에 회합하여 이야면(李也勉)을 선봉장으로 5,000여 명이 죽창과 농기구를 들고 대거 금산읍에 들어와 관아를 습격하여 문서와 각종 기물을 불사르고 서리(胥吏)들의 가옥을 파괴했다." 고 했다.

그리고 『오하기문』을 보면 "금산군의 보고에 의하면, 이달 12일 동학

무리 수천 명이 짧은 몽둥이를 들고 흰 두건을 머리에 쓰고서 군에 모여들어 구실아치들의 집을 불살랐다."고 했다. (중략) 지금까지 최초의 기포일은 3월 18일에 전봉준과 손화중이 당산(현 고창군 공음면 구암리 당산)에서 기포한 날짜를 치지만(김개남도 지금실에서 3월 18일에 기포했다 함) 금산에서 기포한 날짜는 이보다 10일 내지 6일이나 빨랐다. 따라서 최초의 기포지는 고창 당산(무장 기포지)이 아니라 금산 제원역(濟原驛)과 진산 방축리라 할 수 있다.

이상을 종합하여 분석해 보건대 무장은 백산으로 최종 집결하는 중간 집결지의 성격을 띠며, 영광이나 법성 등지에서 올라온 농민들이 사전 기포가 약속된 백산으로 모이기 위한 중간 경유지였을 것입니다. 지금처럼 교통이 발달하지 않고 대중의 이동을 도보에 의지해야 했던 그 당시 약속된 기일에 지방 관리들의 눈을 피해 백산에 도착하기 위해서는 숙식을 해결해야 할 마땅한 중간 거점이 필요했을 테니까요.

따라서 무장에서 일부 농민군이 집결한 것은 사실이나 이는 전라 · 충청도 일대 여러 고을에서 백산으로 모이기 위한 중간 집결지 내지는 출정지 중 일부이며 따라서 전체가 모인 고부(백산)의 집결을 동학농민혁명의 1차 봉기지로 보아야 한다는 것입니다.

2. 황토현 대첩

당시 전라감사였던 김문현에 대해 살펴보겠습니다. 김문현은 1878년 정시 문과에 병과로 급제하여 벼슬살이를 시작했습니다. 1884년 그가 안악 군수(安岳郡守)로 있을 때는 학정으로 인해 농민봉기가 발생하여 황해감사 윤우선(尹宇善)으로부터 문책을 당하기도 했습니다.

그러나 갑신정변 후 신내각에서는 병조참의를 지냈고, 1885~1891년까지 한성부좌윤·이조참의·공조참판·대사성·형조참판·대사헌·형조판서·예조판서 등 요직을 두루 거쳤습니다.

그 후 1893년 동학 교도의 보은 집회가 있자 김문현은 광주부유수(廣州府留守)에서 전라도관찰사로 임명되었습니다. 1894년 2월 고부 농민봉기가 일어나자 군수 조병갑을 체포하는 한편, 고부에 수하들을 보내사건의 주동자인 전봉준을 회유 내지 붙잡도록 했으나 앞에서 얘기한것처럼 실패하고 말았습니다. 그 뒤 황토현 전투(黃土峴戰鬪)에서 관군이 패퇴함으로써 그 책임으로 파면되고 거제도에 유배되었습니다.

당시 전라감사 김문현은 백산에 진을 치고 있는 농민군을 토벌하기 위해 각 관아의 군졸들을 모으는 한편 보부상들에게 인력을 차출하여 전라감영군과 보부상으로 구성된 2,300여 명의 연합 부대를 백산으로 출동시킵니다. 당시 보부상은 전국 조직망을 이룬 상인들의 집단 조직이었으며, 정부로부터 상권을 보호받는 대신 언제든지 정부의 요청이 있으면 인력을 제공하는 공생 관계였습니다.

한편 조정에서는 홍계훈을 양호초토사로 임명하여 장위영 병정 800명과 신식 무기를 주어 전함에 태워 군산항으로 파견했습니다. 마침내 갑오년 4월 초, 전라감영군과 보부상군 2,300여 명은 총을 쏘아대면서 민가를 약탈하고 부녀자들을 겁탈하는 등 만행을 저지르며 고부로 진격해 왔습니다. 백성들은 "난리가 났다. 아무튼 잘되었다. 어느 쪽이 죽든지 어서 결단이 나야지." 하면서 숨을 죽였지요.

4월 2일 이러한 전라감영의 움직임을 감지한 동학 농민군은 주력 부대 중 한 부대를 부안으로 파견하여 부안에 머물고 있던 농민군에게 이 소식을 알리고, 4월 3일 다른 한 부대를 원평에 잔류시키고 태인과 부안으로 나뉘어 되돌아왔습니다. 동학 농민군 주력 부대 또한 부안으로 이동한 후 4월 6일 고부 도교산에 집결하여 백산에 이르렀습니다.

며칠이 지나 전라감영군이 전라도 태인 화호 나룻가에 다다라 진을 치고 백산을 향해 총을 쏘아 대니 이곳 지형에 익숙한 농민군은 이들을 황토재(현, 정읍시 덕천면)로 유인하여, 그 앞쪽에 위치한 사시봉에 진을 쳤습니다. 한편 농민군 진영에서는 건장하고 용기 있는 자 수십 명을

황토현 신기념관과 사시봉.

뽑아 무장(현, 전라북도 고창군 무장면) 보부상으로 가장시켜 순창 보부상군의 뒤를 따르게 했습니다.

마침내 4월 6일 밤 어둠을 틈타 농민군 진지를 공격하려는 작전회의가 있었습니다. 여기서 관군과 보부상군은 서로 앞장서기를 미루고 주저하자 무장 보부상군으로 가장한 농민군이 스스로 선발대 되기를 자처하여 마침내 4월 7일 새벽에 안개가 짙게 깔린 사시봉을 향해 진격했습니다. 선발대 뒤를 따른 관군과 보부상 연합군은 평소 훈련되지 않고 무기도 변변찮은 농민군을 우습게 여겨 서로 공을 세우려고 앞을 다투었습니다.

이때 동학 농민군은 이미 진지를 비운 상태에서 주위의 숲에 매복하여 관군이 오기만을 기다리고 있었습니다. 관군이 동학 농민군의 진지를 급습한 순간 사방에 매복해 있던 농민군이 일시에 공격하니 이겼다고 방심하고 있던 관군은 혼비백산하여 도망을 쳤고 농민군은 때를 놓치지 않고 그 뒤를 쫓아 황토재에 있던 관군의 진지마저 공격하여 대승을 거두었습니다.

전투가 끝난 후 황토재 주변 논바닥에 관군의 시체가 널려 있었는데, 그들의 규율이 형편없었음을 말해주듯 주머니에는 오는 길에 약탈한 물건들이 가득했고, 전사자 중에는 남자로 변장한 여자도 상당수 섞여 있었다고 합니다.

황토현의 역사적 의미

황토현은 농민군과 관군 사이 최초의 전투가 벌어진 곳이자 농민군 최대의 승전지입니다. 현재 황토현은 높이 35.5미터의 낮은 언덕으로 정읍시 이평면 남쪽 덕천면으로 가는 705번 국도에 있습니다. '황토현'에서 황토는 우리 주변에서 흔히 볼 수 있는 누런 진흙을 말하며 현(峴)은 한자어로 낮은 고개나 구릉지를 뜻하는 것으로 우리말로는 '재'라고 합니다. 황토현은 문자 그대로 황토로 이루어진 언덕이란 의미이며 전국적으로 흔한 지명이었지만, 이 사건 이후로는 황토현 하면 이곳을 가리키는 단어가 되었지요. 이는 동학농민혁명사에 있어서 황토현이 지니는 역사적 상징적 의미가 그만큼 크다는 뜻이기도 합니다.

이러한 역사적 의미가 담겨진 곳이기에 역대 정권은 이곳을 자신들의 정통성 확보를 위해 이용하기도 했답니다. 현재 황토현 정상에는 동학농민혁명의 의의를 기리는 최초의 탑이라는 갑오동학혁명기념탑이 세워져 있습니다. 1963년 10월 3일 개천절을 기해 기념탑 개막식이 개최되었을 때 박정희는 국가재건회의 최고의장 자격으로 이 자리에 참석하여 축사를 했습니다.

군사 쿠데타를 통하여 집권한 박정희는 "우리나라 역사 속에서 혁명은 단 두 번 있었을 뿐이다. 첫 번째가 동학혁명이고, 그 정신을 이어받은 5·16혁명이 그 두 번째이다."라고 축사를 했답니다.

기념탑 옆 보조석 뒷면에는 근대 민중가요의 효시 격인 「새야 새야」와 「가보세」라는 노래가 새겨져 있습니다.

새야 새야 파랑새야
녹두밭에 앉지 마라
녹두 꽃이 떨어지면
청포 장수 울고 간다.

동학농민혁명을 전후해서 널리 불리워진 이런 종류의 노래를 참요(讖謠)라고 합니다. 참요란 민요의 한 종류로 주로 예언이나 은어의 형식을 띠며, 흔히 정치적 변동을 암시하는 내용으로 만들어집니다.

위의 가사 중 '파랑'은 '八王'으로 이루어진 온전 전(全) 자를 뜻하므로 전봉준 장군을 상징한 것이며 '파랑새'는 전봉준 장군을 따르는 민중들을 일컫는 것이라고도 해석하는 사람도 있지만, 그렇게 해석하

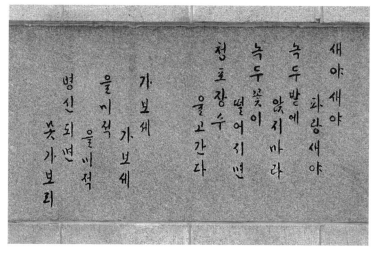

갑오동학혁명기념탑 옆 보조석에 새겨진 노래 가사.

면 노래의 앞뒤가 맞지 않지요. '파랑'은 외세인 청나라, '녹두'는 전봉준 장군을, '청포 장수'는 민중을 의미하는 것으로 봐야 앞뒤 문맥이 통하지요. 전라도 지역에서 채집되는 또 다른 노래를 살펴보면 '녹두'가 전봉준 장군을 의미한다는 것을 알 수가 있답니다.

윗녘 새 아랫녘 새 전주 고부 녹두새, 함박 쪽박 딱딱 후여

이 역시 동학농민혁명 전후 시골 아이들이 새를 쫓으며 불렀던 노래인데, 전봉준 장군이 키가 작고 성품이 곧으며 야무졌기 때문에 사람들은 이런 점을 비유하여 '녹두'라고 별명을 붙여 당시 민간에 '동학

대장 전녹두'라는 소문이 파다하게 퍼졌답니다. 당시 「새야 새야」와 함께 널리 불렀던 참요 하나 더 살펴보지요.

가보세 가보세
을미적 을미적
병신 되면 못 가보리

어디인가를 향해서 바삐 나아가야 하는데 지금 이토록 미적거리다가 아예 병신 되어 못 가게 될지도 모른다며 우려하는 내용이지요. 앞에서 참요란 예언이나 은어 암시 같은 표현방식을 쓴다고 했는데 이 노래에서도 마찬가지랍니다. '가보세' 는 갑오년(1894년)을, '을미적' 은 을미년(1895년)을, 그리고 '병신' 은 병신년(1896년)을 의미하지요. 그러니까 이 시기에 농민군과 함께 새 세상을 만들지 못하면 영영 이 나라와 민족을 부패한 봉건 정부와 외세의 침략으로부터 구해 낼 수 없다는 안타까운 심정을 담고 있습니다.

동학농민혁명 기념일 제정은 황토현 전승일이 적합

동학농민혁명기념일을 제정하는 일은 곧 혁명 발상지 또는 혁명의 대표 지역을 확정하는 일로서 동학농민혁명의 정체성을 확립하는 작업의 일환이라는 점에서 그 의미는 매우 중요합니다.

조병갑의 수탈, 사발통문 작성, 만석보 축조, 고부 농민 봉기, 황토현 전승 등 혁명의 발단과 중요한 사건이 전개된 옛 고부(현재 정읍) 지역은 현행 중·고등학교 국사 교과서에 명시되어 있는 혁명의 발원지입니다. 현행 중·고등학교 국사 교과서에는 고부 농민 봉기를 동학농민운동의 시작으로 기술하고 있습니다.

사발통문에서 알 수 있듯이 고부 농민 봉기가 단순히 고부 군수 조병갑에 대한 일시적 감정의 폭발로 일어난 민란이 아닌 여러 지역의 사람들이 모여 사전 치밀하게 계획된 거사임을 말해 주고 있습니다.

그리고 고부 농민 봉기의 궁극적인 목적 또한 고부라는 일개 지역의 잘못된 정치를 바로잡고자 하는 제한적인 것이 아니라 그들이 사발통문에 결의한 내용과 같이 고부에서 일어나 전주를 점령하고 곧바로 한양으로 올라가 중앙 정권을 쳐서 잘못된 정치의 근본을 해결하고자 했던 것입니다.

그럼에도 불구하고 무장 기포를 첫 봉기라고 주장하며 무장 봉기일을 기념일로 하자는 것은 고부 농민 봉기를 동학농민혁명의 출발로 인식하지 않고 민란으로 규정짓는 것이 됩니다.

이는 최초 고부에서 봉기한 동학 선열들의 명예를 훼손하는 것이며 국회에서 통과된 '동학 농민군 참여자 명예회복 특별법'을 무색하게 하는 것으로 옛 고부 지역 동학 농민군 후손들의 분노를 유발하고 있으므로 마땅히 시정해야 할 것입니다.

물론 동학농민혁명일을 정하는 기준으로 최초 봉기일만을 주장하는 것은 아닙니다. 기념일을 정할 때 기준으로 역사성, 상징성, 현실성, 대중성, 국민들의 인지도, 외국의 사례 등을 종합해서 정해야 할 것입니다. 그런 면에서 볼 때 황토현 전승일이야말로 기념일 제정의 기준에 가장 적합한 날이라 할 수 있습니다.

역사성 면에서 살펴보면 4월 7일에 일어난 황토현 대승은 최초의 전쟁 양상의 전투로서 동학 농민군이 관군을 격파함으로써 혁명의 불길이 전국으로 확산되게 한 결정적 계기를 마련하였던 것입니다.

상징성 면에서 보면 황토현 대승이야말로 폭압의 상징인 관군을 동학 농민군이 육탄으로 막아낸 장거이며 황토가 상징하는 농토를 지켜 냈다는 상징적 의미 또한 매우 큽니다. 또 황토현 대승의 성격은 전봉준의 동도대장 깃발 아래 각 지역 연합 부대가 하나가 되어 최초로 승리를 쟁취했다는 면에서 그 상징적 의미가 커 동학농민혁명 기념일로서 가장 적합하다고 봅니다.

현실성 면에서 보면 황토현은 1963년 10월 3일 전국 최초 동학 관련 조형물인 갑오동학혁명기념탑을 건립한 곳입니다. 이후 현재까지 정읍 황토현은 동학농민혁명을 상징하는 지역이 되었습니다. 그리고 마침내 이곳의 역사적 의미를 인식한 정부는 황토현 승전지에 동학농민혁명 기념관을 건립한 것입니다. 그리고 정읍에서는 타 지역에서는 무관심할 때인 1968년부터 40여 년 동안 매년 황토현 전승일에 맞춰 동학농민혁명 기념 제를 치러 옴으로써 현재 사실상 동학농민혁명 기념일로 자리매김하고 있으며 이에 따른 국민들의 인지도 또한 높습니다.

외국의 사례를 살펴보면 프랑스 대혁명의 경우 1789년부터 10년간 지속되면서 수많은 역사적 사건과 과정을 거쳤습니다. 삼부회의 개회, 국민 회의 결성, 테니스코트 선언, 7·11 봉기, 7·14 바스티유 감옥 습격, 인권 선언, 공화정 선포, 루이 16세의 처형 등이 순차적으로 일어났으나, 혁명 기념일은 첫 전투에 혁명군이 정부군을 격파한 바스티유 감옥 습격일인 7월 14일로 정했습니다. 당시 루이 16세의 폭정의 상징인 감옥에 죄수는 겨우 7명이었습니다. 그러나 압제의 상징인 감옥을 습격하여 격파한 상징성의 의미에 높은 가치를 부여한 것입니다.

멕시코 혁명은 1910년 10월 6일 혁명 선언문을 발표하고 1910년 11월 20일(혁명 기념일) 18시에 일제히 기습 공격을 감행함으로써 시작했습니다. 쿠바 혁명은 1953년 7월 26일(혁명 기념일) 몬카다 요새 병영을 공격하면서 1959년 카스트로가 혁명에 성공할 때까지의 6년간 싸움이 시작됐습니다. 중국의 신해혁명은 1911년 10월 10일(혁명 기념일) 우창 신군에 의한 호광총독아문(湖廣總督衙門) 점령을 시작으로 발발했습니다. 러시아 혁명은 1917년 11월 6일(혁명 기념일)에 봉기(공격)가 시작되어 혁명군은 거의 무혈로 수도의 중요 거점들을 점령했습니다.

그리고 무엇보다도 중요한 것은 민중 혁명이었던 동학농민혁명 기념일은 국민의 머릿속에 친숙하게 각인된 날로 지정되어야 대표성과 대중성을 확보하는 길입니다. 그 예로 1987년도 6·10 민주 항쟁의 경우를 들 수 있습니다. 6·10 민주 항쟁은 그해 1월 박종철 열사가 사망했고, 4월 13일 호헌조치가 뒤따랐으며 5월 27일 민주헌법쟁취국민운동본부가 결성되었습니다.

6월 9일 연세대 이한열 열사가 사망했고, 마침내 6월 10일 민주당 대통령 후보 지명대회 후 전국적으로 28만 명이 시위에 참가하여 4,000명이 체포되고 시위자들이 명동성당으로 진입하였습니다. 6월 26일 전국적으로 가장 큰 규모의 100만 명이 시위에 참가했고 6·29 선언에 이르게 되는 일련의 흐름이 있었습니다.

위에서 열거한 날짜 중 왜 6월 10일이 선택된 것은 6월 10일에 그동안 지속됐던 저항 행동이 승부를 보지 않고는 접을 수 없다는 것을 민중이 집단적으로 인지한 시점이었기 때문이었던 것입니다. 즉, '끝을 보지 않고는 물러서지 않겠다' 는 '전환점' 을 넘어간 시점이었기 때문입니다. 따라서 동학농민혁명 기념일 또한 '끝을 보지 않고는 물러서지 않겠다' 는 각오로 동학 농민군이 자신들의 주장을 최초로 행동으로 옮긴 황토현 전승일로 정하는 것이 가장 적합하다 하겠습니다.

황토현 전봉준 동상은 친일파 작품?

황토현 기념탑 아래 전봉준 동상이 있는 건물로 가 보겠습니다. 이 건물과 전봉준 동상은 아이러니하게도 전두환의 지시로 이뤄졌습니다.

1981년 2월 전두환은 영광 원자력 발전소 기공식 참석 후 정읍 군청(당시는 군이었음)을 방문했습니다. 기관장 및 유지 간담회에 참석해 "전봉준은 훌륭한 군인이고 애국선열이다. 우리와 같은 전씨이기도 하고"라고 언급하면서 황토현을 현충사 규모로 성역화 작업을 하라고 지시하겠다고 말했습니다.

그래서 황토현 기념관은 처음 사업 명칭마저 '전봉준선생유적(全琫準先生遺蹟)'이란 이름으로 1983년 12월부터 건립되기 시작해 황토현 동남쪽 기슭에 자리하게 되었습니다. 기념관 내부에는 전봉준 장군의 동상과 사당, 유품을 전시한 기념관, 광장, 주차장 등을 갖추고 있는데 당시 역사의식 없이 일방적으로 관에서 추진한 사업답게 문제 아닌 곳이 없을 정도로 엉망이어서 오는 이들을 가슴 아프게 하고 있습니다.

외삼문에(건물 입구) 들어서면 좌측에 가로 3×4미터 정도 크기의 화강암으로 만든 황토현전적지정화기념비가 서 있습니다. 비문은 온통 한자로 씌어 있어 읽기도 어렵고, 뒷면에 붙은 둥근 오석에 쓰인 "전두환 대통령의 유시로 전적지를 '정화'했다."는 말은 민주화운동 탄압과 저 끔찍한 삼청교육대를 떠올리게 합니다. 그래서 그런지 비문에 새겨진 '전두환'이라는 이름을 답사객들이 돌로 짓이겨 여러 번 새로 제작했는데도 여전히 그 이름 위에는 돌로 찧은 흔적이 보입니다. 이것은 몇 백 마디의 거창한 말과 해석보다도 더 힘 있는 민심

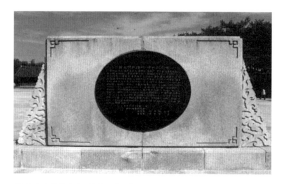

황토현정화기념비 사람들이 '전두환 대통령의 유시로……' 라는 대목에
돌로 쪼아 놓아 몇 차례 새로 만들었다.

의 표현이요 그 자체가 최고의 조형 가치가 아닐까요. 저는 행여 관
에서 이것을 치우지 않나 내심 걱정하고 있답니다.

내삼문을 지나면 정면에 '전봉준 선생' 동상이 한눈에 들어옵니
다. 전봉준 장군과 같은 전(全)씨여서 돈을 아낌없이 썼다는 우스갯
소리가 있을 만큼 환영받지 못하고 있는 조형물로 전봉준 동상을 병
풍처럼 둘러싼 벽면에 새겨진 농민군 부조물은 더욱 실소를 자아냅
니다.

전봉준 동상은 높은 화강암 받침대 위에 짙은 청동색으로 우뚝 서
있는데 '압송당하는 전봉준'으로 알려진 사진을 모델로 하여 만들었
기에 장군의 머리가 맨상투로 표현되어 있고 몸체는 백산에서 격문
을 낭독하는 모습이어서 몸체는 농민군 지도자고 머리는 죄수가 된
꼴입니다.

시대의 아픔을 농민들과 함께 한 전봉준 장군의 모습과 농민군의
군상을 조각했으면 하는 아쉬움은 그 뒤에 배치한 부조물을 보면 차
라리 사치스럽다는 생각이 들 정도입니다. 부조된 농민군 모습 어디

에도 죽창과 농기구를 들고 목숨 걸고 싸움터로 나가는 비장한 표정은 보이지 않습니다. 포동포동하게 살집이 오른 모습들이 꼭 도시락 싸들고 소풍 가는 행렬처럼 보이니 말입니다.

동상 받침대 뒤쪽에는 시행청이 전라북도이고, 조각한 사람이 김경승(金景承)이며, 1987년 10월 1일 완공했음을 알리는 까만 표지판이 붙어 있답니다. 그런데 김경승에 대해서 박준성(역사학연구소 연구원) 씨는 다음과 같이 얘기합니다.

1915년에 태어나 1992년에 죽은 김경승은 동상 제작의 최고 권위자로 평가받는 인물이다. 그는 1939년 동경미술학교 조각과를 졸업하고, 조선 미술전람회(선전)에서 몇 차례 입선 특선을 하면서 총독상, 창덕궁상을 받는 기예를 떨쳤다. 홍익대, 이화여대 교수를 지냈으며 오랫동안 국전 심사위원에 심사위원장까지 거쳤다. 그의 경력에 걸맞게 그가 만든 동상의 주인공들도 손꼽히는 위인들이었다. 김유신 장군상, 세종대왕 동상, 이충무공 동상, 안중근 의사상, 김구 선생상, 안창호 선생 동상을 만들었으며, 4월 혁명 때 무너진 이승만 동상, 인천 자유공원의 맥아더 동상, 친일 행적이 있는 고려대 김성수 동상과 이화여대 김활란 동상도 그의 작품이다.

김경승에게는 엄혹한 우리 근현대사의 전개 과정에서 시대의 모순과 과제를 해결하려 온몸을 던져 본 삶과 사상이 없다. 그런 사람들을 이해하고 가까이 지냈던 흔적도 눈에 띄지 않는다. 1894년 목숨 걸고 치열하게 싸웠던 농민군의 투쟁 의지, 농민전쟁의 의미, 전봉준 장군의 정신을 제대로 이해하고 형상화할 수 있는 실천과 경험이 없었다. 그렇기 때문에 동상은 위압적이나 1894년은 사라졌다.

보통 사당의 구조는 외삼문을 지나 내삼문을 들어서면 그 건물의

동학농민혁명 관련 최초 조형물인 황토현 전적지 내 갑오동학혁명탑(1963
년 건립).

황토현 구민사.

중심에 위패를 모셔 둔 본전(本殿)이 자리하고 있기 마련입니다. 그
러나 황토현 기념관에서는 그 본전이 있어야 할 자리에 앞서 얘기한
문제의 전봉준 장군 동상과 부조물이 중심이 되어 들어서 있으며, 그
덕분에 사당은 좌측으로 밀려나 이곳 기념관이 갑오년 민중들의 함
성과 힘찬 기상을 담아 놓기보다는 전봉준 개인을 위한 시설물임을
한눈에 느낄 수 있습니다.

다시 밖으로 나와 보면 광장 건너편엔 다소 거창하게 느껴지는 건

물 두 동이 있습니다. 이는 백여 년의 세월 동안 편견과 억압 그리고 왜곡된 동학농민혁명의 역사적 의의와 정신을 바로잡고 이를 후세에 전승하는 교육의 장으로 삼아야 한다는 지역 여론이 바탕이 되어 김대중 대통령 지시사항으로 추진된 사업입니다.

그러나 현재의 추진 상황은 2차 사업이 예산 확보 미비 등의 이유로 현 상태에서 마무리되지 않나 하는 우려가 큽니다. 만약 지금 상태로 봉합된다면 교육관과 전시관 두 동의 거대한 건물만 덩그러니 지어져 기존의 황토현 기념관과 부조화된 상태로 놓이거나 전체적으로 조화롭지 못한 모습이 될 것이 뻔합니다. 원래 계획했던 동학문, 추모 시설물, 야외 교육 및 공연장, 주차 시설 등의 시설물 건설 사업과 논란거리가 되었던 황토현정화기념비 철거나 전봉준 동상의 이전 처리 문제 등의 현안 사업이 표류된다면 기존의 황토현 기념관이 지녔던 많은 문제점을 하나도 개선하지 못하고 오히려 더 크게 확대 부각시킨 꼴이 되어 예산 낭비, 졸속 행정이라는 비난을 면치 못할 것입니다.

3. 장성 황룡강 전투

이제 홍계훈의 중앙군을 격파한 동학 농민군 승전지인 장성 황룡강으로 가 보겠습니다.

황토현 전투에서 승리를 거둔 농민군은 남쪽으로 진격하여 고을마다 점령한 후 함평으로 들어가 한껏 세를 과시하면서 고도의 심리전을 폈습니다. 먼저 선두에 선 장년의 농민군이 십사오 세쯤 된 아이 한 명을 업었는데, 아이는 푸른색 홀기(笏旗)를 쥐고서 마치 지휘하는 것과 같았고 그 깃발을 따라 수많은 농민군들이 질서 있게 움직였습니다.

선두에서는 날라리를 불고 그 다음에 '인(仁)·의(義)' 글자를 새긴 깃발 한 쌍이, 다음에는 '예(禮)·지(智)' 글자를 새긴 한 쌍이, 또 다음에는 흰색 깃발 두 개가 뒤따랐는데, 그중 하나는 '보제(普濟)'라 썼고, 다른 하나에는 '안민창덕(安民昌德)'이라 썼습니다. 다음의 황색 깃발 하나에는 '보제중생(普濟衆生)', 나머지 깃발에는 각 고을의 이름이 씌어 있었습니다.

그 뒤에 갑옷에 투구를 쓰고 말을 타고 검무를 추는 자가 한 명, 그 다음에는 칼을 가지고 걷는 자 네다섯 쌍, 다음에는 피리를 불고 북을 두들기며 붉은 관복을 입은 자 두 명, 다음에는 두 명이 또 날라리를 불고, 다음의 한 명은 벼슬아치들의 관모를 쓰고 우산을 가지고 도인의 복장을 하고 나귀를 타고 있었습니다.

그리고 소매가 좁은 옷을 입고 관모를 쓰고 우산을 가진 대여섯 명이 나귀를 탄 사람의 주위를 에워싸고 따랐으며, 그 다음에는 두 줄로 만여 명의 총수(銃手)가 뒤따르는데, 모두 머리에 수건을 두르고 있었습니다. 머리에 두른 수건은 다섯 가지 색깔로 색이 각기 달랐으며, 총을 가진 사람들 뒤에는 죽창을 든 자들이 뒤따랐습니다. 모두들 어린아이가 잡고 있는 푸른색 기가 지시하는 것을 쳐다보고 '지(之)' 자 또는 '구(口)' 자를 만들기도 하면서 진세를 배열했는데, 사람들은 그 아이를 보고 신동이라고 했답니다.

그 후 함평에서 장성으로 진격한 동학 농민군이 때마침 황룡강변(월평리)에서 점심을 먹고 있을 때 관군의 기습 포격으로 동학 농민군 40~50명이 희생되었다고 전봉준은 공초(심문기록)에서 밝혔습니다. 그러나 이내 혼란을 수습한 동학 농민군은 병기를 거두고 조금 물러났다가 곧바로 산 위로 올라가 진을 배치했는데, 마치 학(鶴)의 모양과 같았습니다.

농민군은 위에서 아래로 관군을 내려다보고 있다가 잠시 후 커다란 대나무로 만든 통을 밀고 나왔는데, 둥그스름한 닭의 집과 비슷한 것이 수십 개였습니다. 밖으로 창과 칼을 삐죽하게 꽂은 것이 고슴도치 같았고 아래에는 두 개의 바퀴를 달아 미끄러지듯 밑으로 내려왔습니다.

관군은 총탄과 화살을 쏘았지만 모두 대나무 통에 차단되어 버려 소용이 없었습니다. 농민군은 대나무 통 뒤에서 총을 쏘며 따라오다가 고함을 지르며 뛰어들었습니다. 홍계훈의 진영은 멀리서 빤히 바라보면서 도와주지 못한 채, 관군들이 사방으로 달아나는 모습을 구경만 할 뿐이었습니다.

농민군은 도망치는 관군을 30리 지경까지 추격 끝에 구르프 포 1좌, 회선 포 1좌를 노획하는 큰 전과를 거두었습니다. 관군은 구르프 포와 회선 포 등 무기를 잃은 것 말고도 대관 이학승과 병정 5명이 전사했습니다.

장성에서 승리를 거둔 농민군은 남진의 기치를 북으로 돌려 4월 24일 오후 장성을 출발하여 도중에서 밤을 지내고 25일 정읍을 거쳐 태인에서 하룻밤 머물고, 다음 날인 26일 금구 원평에 이르렀습니다.

여기서 때마침 관군을 위로하기 위해 내탕금 1만 냥을 가지고 서울에서 내려온 선전관 이주호와 수행원 2명을 체포하고, 이에 앞서 왕의 윤음(국왕이 관인과 인민을 타이르는 내용을 담은 문서)을 가지고 왔다가 장성의 동학 농민군 진중에서 포로로 잡힌 초토영 종사관 이효응과 배은환 등 5명을 원평 장터에서 참수했습니다.

여기서 우리가 생각해 봐야 할 것이 있습니다. TV 사극에는 조정의 대신이었던 자가 역적이 되어 사약을 받는 대목이 종종 나오지요. 이때 노랗고 붉은 복장을 한 의금부 관리들이 사약과 함께 왕명을 전할 때 "죄인 누구누구는 어명을 받들라."고 추상같이 호령하지요. 그럼 마치 실제 눈앞에 국왕을 대하듯 극진한 예를 다하고 왕명을 받습니다.

그런데 전봉준은 대중들 앞에서 왕의 윤음을 가지고 온 국왕의 대리인인 사신을 가차 없이 처단한 것입니다. 이는 전봉준 등 농민군 지도부가 추구하고자 했던 동학농민혁명의 최종 목표가 무엇인가를 명확히 보여 주는 장면입니다. 일부 학계에서는 전봉준 등 농민군 지도부의 한계로 봉건 왕조에 대한 타파 의지를 찾아보기 힘들고, 농민혁명의 최종 목표도 왕권에 대한 도전이 아닌 왕의 총명을 흐리는 세력을 제거하는 것으로, 유교적 충성의 범위 내에서 개혁을 도모했을 뿐이라는 지적을 하는데, 이는 크게 잘못된 주장입니다.

황룡강변에 방치된 이학승 순의비 황룡강 전투에서 전사한 경군(京軍) 장수 이학승의 비로 비문은 유명한 유학자이자 의병장인 최익현이 썼다.

● 이야기 마당

장태

오지영의 『동학사』는 황룡강 전투를 다음과 같이 기록하고 있습니다.

　동학 농민군 영솔장 오하영 이방언 등이 수백 명의 군사를 거느리고 영광읍으로부터 협로로 빠져 장성 지계에 도달하자 홀연 산북편 길에서 홍장 후군 1대의 병을 만나 싸우게 되었다. ……동학군은 진중에서 미리 준비했던 대로 만든 '장태' 수십 대를 산의 정상으로부터 내려 굴리며 관군을 사격하므로 미처 정신을 수습할 사이도 없이 시살을 당하여 홍진 장관 이효응, 배은환 2명과 관병 100여 명을 몰살시키고 대포 2문 즉 '구르프포' '회선기관포' 각 1문과 양총 100여 개를 빼앗았다.

　'대장태' 라고 하는 것은 청죽으로 얽어 닭장같이 만든 것으로 그 밑에 차바퀴를 붙인 것이며 그 속에는 군사가 앉아 총질을 하게 된 것으로 이 장태를 만든 사람은 장흥 접주 이방언이므로 그 별호를 이장태라고 불렀다. 동학군들이 장성싸움에서 얻은 대포와 양총을 거두어 가지고 그 자취를 감추어 가면서 전주로 향하여 들어왔다.

또 『금성정의록』은 월평리 싸움의 '장태' 이야기를 이렇게 전하고 있습니다.

　……함평에 있을 때 대를 베어다 장태를 만들었는데 하나의 둘레가 몇 아

름이며 길이가 몇 10발이
나 되는 장태를 여러 개
만들었다. 그리하여 나주
로 들어오려다 장성 월평
으로 나가 경군과 싸우게
되었다.

장태

　전봉준은 군중에 영을 내려 (청을) 두 글자를 써서 등에 붙일 것이며 수
건으로는 머리를 싸매고 입은 앞 옷깃을 물고 엎드려서 장태를 굴려 나가
는데 옆을 돌아보지 말도록 하였다. 경군이 바라보니 어떤 커다란 물체가
굴러오는데 뒤에는 보졸 수천 명이 엎드려서 몰아오고 있었다. 그리하여
경군 측에서 포를 쏘아 대니 죽은 자가 무수했지만 죽음을 무릅쓰고 달려
오고 있었다. 그리고 머리를 싸맨 사람들이 일어나서 포를 쏘고는 다시
엎드렸다. 그들은 좌우를 돌아보지 않으니 옆에서 죽고 사는 것을 모른
체 달려드는 바람에 경군은 어찌할 바를 모르고 패주하게 되었다. 실은
(청을) 두 글자는 아무런 뜻이 없고 앞 옷깃을 입에 물고 있으니 허리를
펴 일어나기가 어려워 좌우의 죽고 사는 것을 돌아보지 못했던 것이다.

　'장태'를 만든 사람은 담양 이용길이라고도 하고 이춘영이라고도 전해
지고 있습니다. 그 승리의 현장인 장성군 황룡면 신호리에는 1994년 광주
전남동학농민혁명기념사업회에서 동학 농민군 승전 기념탑을 건립하여
그날의 의미를 새기고 있습니다.

집강소 통치

농민군의 폐정개혁 12개 조항은 갑오개혁을 통하여 신분제 폐지,
인재 등용, 과부 재혼, 노비제도 폐지, 탐관오리의 처벌,
천민 차별의 철폐 등을 이뤄 냈습니다.
이것은 우리 역사상 최초로 노비제도 폐지 등 신분제도 타파를 공식화한 매우 뜻깊은 일로
평가될 만합니다. 물론 이것은 목숨 걸고 피 흘린 수십만 농민군의
값진 희생의 대가였다는 사실, 잊어서는 안 되겠지요.

1. 전주성 점령

홍 계훈의 경군이 장성 황룡 싸움에서 참패했다는 소식을 전해 들은 김문현은 동학 농민군이 전주로 진격해 오자 당황하여 정부에 이 급보를 알렸습니다. 이때 농민군은 장성과 정읍에서 길게 줄을 지어 진격해 왔습니다.

4월 27일 새벽에 전주 서문 밖에 이르러 용머리 고개에서부터 일자로 진을 펼쳐 함성을 질렀는데 하늘과 땅이 들썩거릴 정도였습니다. 이에 전라감사 김문현은 전주성 서문을 닫아걸고 서문 밖에 있는 민가 수천 채에 불을 질러 농민군이 성을 타고 넘어와 공격할 것에 대비했습니다.

정오가 지나서 서문이 열렸고 농민군이 일제히 몰려 들어오자 김문현은 네 사람이 드는 가마를 타고 동문까지 도망쳤지만 문이 막혀 나갈 수 없었습니다. 그는 마침내 가마를 버리고 해진 옷과 짚신을 신고 변복을 한 후 피난민들을 따라 달아났습니다.

전주 풍남문.

　한편 홍계훈이 이끄는 중앙군은 이날 해 질 무렵 금구에 이르니 이미 동학 농민군이 전주성을 점령한 뒤인지라, 금구에서 밤을 지내고 다음 날인 4월 28일 전주 완산에 진을 쳤습니다. 이윽고 5월 1일 농민군은 남문으로 몰려나왔지만 관군이 회선포를 발사하자 물러났고, 2일에는 농민군이 서문을 열고 갑자기 몰려나와 곧바로 용머리 고개의 관군 진영을 공격하려고 했으나 관군이 또다시 대포를 계속 발사하자 더 이상 지탱하지 못하고 다시 물러갔습니다.

　5월 3일 농민군은 다시 북문으로 나왔습니다. 농민군 선봉에 선 이복룡은 커다란 깃발을 세우고 유안대를 거쳐 황학대를 지나 곧바로 완산으로 올라갔습니다. 농민군들은 마치 굴비를 꿰듯 한 줄로 늘어서서 진격했으므로 좌우 상황만 살필 수 있었을 뿐 앞뒤의 상황은 알 수 없었습니다. 이러한 전술로 관군의 진지를 공격했으나 관군 대포의 위력은 대단했습니다. 연달아 대포를 맞고 이복룡 등 다수의 농민군이 숨지자 남은 농민군은 이내 퇴각하여 성 안으로 들어갔습니다. 이후 농민군과 관군의 전투는 소강상태에 빠졌습니다.

황토현에서 감영군의 패배, 장성에서 중앙군의 패배와 전주성의 함락 소식은 왕과 조정 대신들에게 엄청난 충격을 주었습니다. 민씨 정권은 신속하게 청나라에 구원 병력을 요청하기로 결정했습니다. 자신들의 권력만 유지될 수 있다면 나라의 주권과 백성이 상해도 상관없다는 무책임한 조치였지요.

한편 청은 조선을 완벽하게 장악할 수 있는 결정적 기회라고 여겨 청군 1,500명을 아산만에 상륙시켰습니다. 그러자 조선 침략의 기회만 호시탐탐 엿보던 일본은 청의 군대 파병을 구실 삼아 청군보다 두 배나 많은 3,000여 병력을 인천으로 출동시켰습니다.

일본은 조선을 집어삼키려면 청과 한판 싸울 수밖에 없다고 판단하여 1884년 갑신정변 이후 10년 동안 군비 증강에 힘을 기울여 왔습니다. 이로써 조선 강토는 청과 일본의 전쟁터가 되어 버릴 새로운 위험에 처했습니다.

사태가 전혀 예상하지 못했던 방향으로 치닫자 당황한 정부는, 동학 농민군과 휴전을 서둘러 두 나라 군대를 철수시키려 했습니다. 농민군 측도 이 땅이 전쟁터로 변하여 그 피해를 고스란히 우리 민중이 받게 될 상황을 원치 않았으므로 농민군의 요구 사항인 폐정개혁안 수락을 조건으로 휴전에 응했습니다. 이에 새로 부임한 전라감사 김학진은 전봉준과 서둘러 만나 '전주 화약(全州和約)'을 맺었습니다. 이때의 폐정개혁 12개 조항은 다음과 같습니다.

① 동학교도와 정부와의 숙원을 없애고 공동으로 서정(庶政)에 협력할 것.

② 탐관오리의 죄상을 자세히 조사 처리할 것.

③ 횡포한 부호를 엄중히 처벌할 것.

④ 불량한 유림과 양반을 징벌할 것.

⑤ 노비 문서를 불태울 것.

⑥ 칠반천인(七班賤人)의 대우를 개선하고 백정의 머리에 쓰게 한 평양립(平壤笠)을 폐지할 것.

⑦ 청상과부의 재혼을 허가할 것.

⑧ 무명의 잡부금을 일절 폐지할 것.

⑨ 관리 채용에 있어 지벌(地閥)을 타파하고 인재를 등용할 것.

⑩ 일본과 상통하는 자를 엄벌할 것.

⑪ 공사채(公私債)를 막론하고 기왕의 것은 모두 면제할 것.

⑫ 토지는 균등하게 분작(分作)하게 할 것.

농민군의 폐정개혁 12개 조항은 갑오개혁을 통하여 신분제 폐지, 인재 등용, 과부 재혼, 노비제도 폐지, 탐관오리의 처벌, 천민 차별의 철폐 등을 이뤄 냈습니다. 이것은 우리 역사상 최초로 노비제도 폐지 등 신분제도 타파를 공식화한 매우 뜻깊은 일로 평가될 만합니다. 물론 이 것은 목숨 걸고 피 흘린 수십만 농민군의 값진 희생의 대가였다는 사실, 잊어서는 안 되겠지요.

동학 농민군의 전주성 점령을 기념해 전주 완산에 세운 전주입성기념비.

2. 최초의 농민 자치 정부 집강소 통치

1894 년 5월 7일 정부로부터 폐정개혁의 실시를 약속받은 전주 화약이 성립되자 농민군은 해산하여 각자 고향으로 돌아갔습니다. 무장을 풀지 않고 순변사(巡邊使) 이원회(李元會)와 전라감사 김학진(金鶴鎭)에게 원정서(原情書)를 보내 폐정개혁의 조속한 실시를 촉구했으나 정부에서는 계속 폐정개혁을 외면했습니다.

그러나 이미 전라도 지역은 정부의 무장력과 집행력이 상실되었고 사실상 농민군이 장악한 상태였으므로 5월 중순경부터 농민군은 스스로 폐정개혁을 시행하기 위해 산발적으로 집강소(執綱所)를 설치하기 시작했습니다. 5월 하순에는 전라도 지방에 대도소(大都所) · 도소(都所) · 대의소(大義所) · 행군의소(行軍義所) 등의 이름으로 집강소가 설치되어 본격적으로 집강소 통치 시대가 시작되었습니다.

동학 농민군은 집강소를 통해 탐관오리와 탐학한 부호들을 색출해 징계하고, 양인과 천민의 신분 해방을 실천해 나갔습니다.

원평 집강소 터.

　그들은 그간 폐단이 심했던 삼정을 개혁하고 고리채를 무효화했으며, 지주의 소작료를 압수하는 등 지주제도 개혁을 단행했습니다. 뿐만 아니라 방곡령을 실시하고 일본으로의 미곡 유출을 엄격히 금지하는 등 반외세적인 활동도 했습니다.

　집강소가 설치되면서 동학 농민군 스스로가 각 고을의 집강이 되어 지방의 치안과 행정을 담당했습니다. 집강소에는 집행 기관으로 서기(書記)·성찰(省察)·집사(執事)·동몽(童夢) 등의 직책이 있었는데, 이들은 집강의 지휘를 받으면서 조세 징수 등 행정 관련 사무를 처리했습니다. 집강소에는 동학 농민군의 무력으로 호위군을 두어 만일의 사태에 대비했습니다.

　또 오늘날 지방의회처럼 의결 기관을 두었는데 매 읍에 의사원(議事員) 약간을 두고 이를 통해 정책과 의사 결정을 하는 등 대단히 민주적인 활동을 전개했습니다. 이 시기에 전라도 동학 농민군은 크게 세 개 지역으로 갈라져 있었는데, 전봉준은 수천 명의 동학 농민군을 거느리고 금구·원평을 중심으로 전라우도를, 김개남은 남원을 근거지로 하여 전라좌도를, 손화중은 광주(光州) 일대를 관할했습니다.

초기의 집강소 활동은 탐관오리와 횡포한 양반의 약탈에 대한 억울함을 해소하는 기관의 성격을 띠었으나, 점차 새로운 향촌 질서 수립을 위한 행정 기관의 성격으로 강화되어 갔습니다.

한편 집강소 초기에는 횡포한 양반에 대한 보복이 이뤄지기도 했습니다. 사사로운 보복 행위는 민중들에게 순간적으론 카타르시스를 제공하지만 결국 정당성 확보 차원에서 문제가 있다고 판단한 전봉준은 수하 십여 명을 데리고 집강소 통치 상황을 점검하기 위하여 각 집강소를 돌아보러 다녔습니다.

전봉준 일행이 담양에 이르렀을 때 청군은 아산만에 상륙했고, 일본군도 뒤따라 인천항으로 들어와 주둔하고 있었습니다. 일본 정부는 전라도 지방에서 농민군이 지방군과의 전투에서 연승하고, 마침내 중앙 정부군이 파견된 것에 크게 관심을 갖고 그 대책에 부심하였습니다.

전봉준의 기지

갑오년 집강소가 전라도 전역에 설치되었던 것은 아닙니다. 오지영은 『동학사』에서 나주 · 남원 · 운봉 등은 지방관과 유림들의 항거로 집강소가 설치되지 못했다고 전합니다. 그래서 나주에는 최경선, 남원에는 김개남, 운봉에는 김봉득이 각기 동학 농민군을 이끌고 토벌의 길을 떠납니다.

당시 나주성(羅州城) 전투 상황을 그곳에 살던 이병수라는 유학자가 저술한 『금성정의록』을 통해서 살펴보면 다음과 같습니다.

7월 1일 최경선이 3,000여 명의 동학 농민군을 이끌고 나주로 내려오자 접주 오권선이 나주 지방의 동학 농민군을 이끌고 금안동에서 합류하여 며칠 세를 규합한 후 금성산에 올라 7월 5일 해 질 무렵에는 산에서 서성

전봉준이 나주 목사 민종렬과 담판을 지으러 갔을 때 묵었다는 나주 객사.

문 쪽으로 진격했습니다.

마침내 동학 농민군은 함성을 지르며 성문을 부수고 한편에서는 성을 기어오르려 했으나 관군이 이에 맞서 대완포 장대포를 쏘아 대는 바람에 동학 농민군의 나주성 공략은 많은 희생자를 냈을 뿐 실패로 돌아갔습니다. 남원은 이미 김개남이 점령하여 집강소가 설치되었건만 이렇듯 나주는 상황이 달랐습니다. 그리하여 전봉준은 나주에 있는 최경선에게 철수 명령을 내린 후 8월 그믐께 몸소 수하 몇 명만을 대동하고 나주로 향했습니다.

8월 13일 나주성 서문에 당도한 전봉준 일행은 비무장으로 자신의 신분을 밝히며 나주 목사 민종렬에게 면담을 요구했습니다. 정말 대담하지요. 그러나 전봉준은 민종렬과의 담판에 실패하고 성내에서 하룻밤을 보내게 되었습니다.

밤새 민종렬과 그 부장들은 다음 날 아침 전봉준이 성 밖으로 나가는 순간 뒤에서 총을 쏘아 죽이려는 음모를 계획했습니다. 그런데 전봉준은 출발에 앞서 민종렬의 부장들을 불러 놓고 난데없이 그들이 입고 온 옷 10여 벌을 벗어 내놓으며 말하기를,

"이는 내 우리가 입고 온 복장이다. 두어 달 동안의 더위와 장마에 돌아다닌 결과 땀과 때로 인해 이렇게 더러워졌으니 그대들이 사람들을 시켜 빨래를 해 놓으면 내가 이 길로 영암을 내려갔다가 3, 4일 후 반드시 올 것이니 그때 옷을 바꿔 입을 수 있도록 해 주면 고맙겠다."

전봉준의 말을 들은 민종렬의 부장들은 여러모로 준비가 미흡한 지금 보다는 마음 놓고 옷을 바꿔 입으러 다시 나주성에 들렀을 때 해치우는 것이 낫겠다 싶어 전봉준을 무사히 내보내 주었습니다. 전봉준이 대담할 뿐만 아니라 기지 또한 뛰어났음을 알 수가 있지요.

3. 남원 대회

<big>전</big>봉준, 손화중과 더불어 동학농민혁명의 3걸로 꼽히는 김개남
은 남원을 근거지로 하여 전라남도의 각 군현을 호령했으며
순천에 영호 도회소를 설치하고 대접주 김인배로 하여금 영남의 서남
부 일대를 관할토록 했습니다.

7월 9일경에 남원으로 내려온 전봉준은 김개남과 여러 접주들을 만
나 7월 15일에 남원 대회를 열기로 했습니다. 전라도 전역에 사람을 보
내니 모여든 인원이 수만 명에 이르렀습니다. 『오하기문』에는 이렇게
기록되어 있습니다.

"이달 망간(望間)에 전봉준과 김개남 등이 남원에 수만 인을 모아 대회를
가졌다."고 했으며 "봉준은 각 읍에 ……집강을 세워 수령의 일을 수행하게
하니 호남의 군사권과 재정권은 모두 적(동학 농민군)이 장악하게 되었다.

남원 대회는 전라도 대부분의 고을에 집강소를 설치한 농민군이 그 결속을 다지고 힘을 과시한 대회로 매우 의미가 큽니다.

그런데 7월 16일에 전라감사 김학진은 급히 군관 송사마(宋司馬)를 남원에 보내어 전봉준을 전주에 오라고 했습니다. "도인들을 이끌고 전주로 와서 함께 지키자."는 것이었습니다. 중앙 정부가 친일파 소굴로 변하자 김학진은 반일 항쟁을 결심한 것으로 보입니다. 전봉준은 절호의 기회라고 판단하여 남원에 있는 김개남에게 편지를 보내 전주로 올라오라고 전하고 7월 17일에 전주로 갔습니다.

남원 교룡산성 입구.

2차
동학농민혁명
(9월 봉기)

관군과 백성들 사이에서는

"동학 농민군은 바람과 비를 부리는 재주가 있어서 능히 대포 구멍에 물을 나게 한다."는
유언비어가 돌았답니다. 지금까지도 그 지방 사람들은
그 일을 퍽 이상스럽게 생각한다고 합니다.

사실 그것은 무슨 조화나 술법이 아니라 관군의 밥을 해 주던 노파가
동학 농민군을 돕기 위해서 관군이 자는 틈을 타서 변복을 하고 포문에다
물을 길어 붓고 도망친 것이었습니다.

당시에 어리석은 관군들은 그것을 알지 못하고 그저 놀라서 도망을 쳤다고 합니다.

이러한 일만 보아도 당시의 민심이 관군을 얼마나 미워하고
동학군을 얼마나 환영했는지 알 수 있지요.

1. 청일전쟁

정부와 동학 농민군 사이에 전주 화약이 성립되어 동학 농민군이 전주에서 철수하게 되자 난처해진 것은 병력을 이끌고 서울에 진입한 오토리 공사였습니다.

오토리 공사는 조선 정부로부터 동학 농민군 진압을 빌미로 공식 의뢰를 얻어 병력의 장기간 주둔을 합법화하려고 시도했으나 그것을 요구할 근거가 사라지고 만 것입니다. 게다가 정부는 청·일 양국 병력이 조선 땅에서 함께 물러나 달라고 요청합니다. 조선에 대한 주도권을 확보하고 있다고 판단한 청의 원세개는 일본의 오토리 공사와 공동 철병 교섭을 단행했으나 일본의 입장은 달랐지요. 이번을 기화로 조선 침략을 꿈꾸며 병력을 보낸 일본은 청과 무력 충돌까지도 염두에 두었답니다.

일본은 전쟁의 구실을 만들고자 동학 농민군을 부추기는 한편 조선 내정을 공동 개혁 하자고 청에 제안합니다. 물론 조선에 대한 종주권을 주장하던 청나라가 이 제안을 거부할 것이라 예상했지요. 예상대로 청이 일본의 제안을 거부하자 6월 21일 일본은 청국과 개전할 것을 공식적으로 확인하고 당일 주일 청국 공사에게 절교의 뜻을 밝히는 문서를 전달했습니다.

이어 7월 20일에는 북경 주재 일본 대리공사 고무라가 청 정부에 대해서 정식으로 2차 절교 문서를 전달함으로써 국교는 끊어지고 23일 새벽, 경복궁에 침입하여 고종과 명성황후를 연금하면서 대원군을 앞세워 친일 내각을 구성했습니다.

일본군의 감시 아래 있던 김홍집 친일 정권은 7월 25일, 중국과의 전통 관계를 끊고 '자주독립' 한다고 선포하면서 여태까지 중국과 맺었던 모든 조약의 폐기를 선언하고 일본군에게 조선에서 청군을 축출해 달라고 요청했지요. 이로써 청과 전쟁할 명분을 얻게 된 일본군은 결국 8월 1일 정식으로 선전포고를 했습니다.

이에 청의 실권자인 이홍장은 엽지초에게 아산에 주둔하고 있는 청군을 인솔하여 해상을 통해서 평양으로 이동하게 하는 한편 직례성(直隷省) 소참(小站)에 주둔하는 영하진(寧夏鎭) 총병(總兵) 위여귀(衛汝貴) 휘하의 성군(盛軍) 6,000명을 평양으로, 여순을 방위하는 마옥곤(馬玉崑) 휘하의 의군(毅軍) 2,000명을 의주로 급파했으며 성경장군(盛京將軍) 유록(裕祿)과 합의하여 좌보귀(左寶貴) 휘하의 마보병(馬步兵) 8개 영을 평양으로 출동시켰습니다.

일본은 공식적인 선전포고에 앞서 청군을 기습 공격했습니다. 1894년 7월 24일, 제1유격대의 순양함 아키쓰시마(秋津洲) 호, 나니와(浪速)

호, 요시노(吉野) 호는 아산만을 정찰하고, 풍도 앞 바다를 항해 중이었는데 이때 마침 청의 순양함(巡洋艦) 제원호(濟遠號)와 포함호(砲艦號), 광을호(廣乙號)를 만나 청ㆍ일 양국의 군함 사이에는 일촉즉발 전쟁의 기운이 높아 갔습니다.

드디어 다음 날인 7월 25일 오전 7시 25분 일본 함대는 갑자기 포문을 열고 청 함대를 향해 제1탄을 발사했습니다. 이것이 바로 조선을 둘러싼 청일전쟁의 개막을 알리는 신호탄이었습니다. 풍도 앞바다의 해전은 결국 일본의 압승으로 끝나고 말았습니다.

1894년 7월 23일 경복궁을 점령해 조선을 제압한 일본군은 풍도 해전과 성환 전투에서 청군을 격파한 뒤 9월 15일 평양 전투에서 대승을 거둔다. 평양 전투를 묘사한 일본의 기록화(사진/ 민족문제연구소 제공, 『한겨레 21』에서 재인용).

● 생각해 보기

일본, 1894년 조선 전쟁 계획했다

『한겨레21』(2005년 08월 18일 제573호)에 매우 흥미로운 기사가 실려 있습니다. '일본, 1894년 조선 전쟁 계획했다' 라는 제목과 「일 청전쟁 선전조칙 초안」에서 '조선' 을 대상에 넣었다 뺀 문서 최초 공개, '청일전쟁은 우발적 전쟁이었다는 일본 학계의 시각을 반박하는 근거 될 듯' 이라는 부제의 글을 요약해 보면 다음과 같습니다.

요시오카 요시노리(75) 전 일본 공산당 의원이 일본 도쿄의 국회 헌정자료관에 있는 「일청전쟁 선전조칙 초안」을 찾아 분석한 결과 1894년 청일전쟁 때 일본은 전쟁을 벌인 청뿐만 아니라 조선에 대해서도 선전포고를 하려 했던 것으로 밝혀졌다는 것입니다.

이 문건은 당시 내각을 이끌던 이토 히로부미가 그의 최측근인 이토 미요지에게 지시해 작성된 것으로 제1초안부터 제6초안까지 남아 있는데 그중 제1·2초안에는 청이 단독 선전포고 대상이었다가, 제3 안과 제4안에서 조선이 청과 함께 선전포고 대상에 포함되었으며, 다시 제5초안에서는 '청 및 조선' 이라는 문구에서 조선에 밑줄을 그어 지운 흔적이 발견된다는 것입니다. 그 다음 제6초안에는 선전포고 대상이 다시 청으로 한정되고, 최종 선전포고에서도 청이 단독 선전포고 대상국으로 발표되었다는 것입니다.

기존 제3·4초안에서 조선이 선전포고 대상으로 포함돼 있다가 제5초안에서 빠진 이유를, 요시오카는 "원래 일본은 아시아 침략을 위해 청과 조선, 양국에 전쟁을 일으킬 참이었으나, 대원군을 위시로 한 친일 정권을 세움에 따라 조선을 전쟁 협력자로 이용할 수 있게 됐다."며 일본의 경복궁 점령 사건이 성공했기 때문임을 밝혔습니다.

그러나 민족문제연구소 서민교 박사는 조선이 청과 동맹해 일본에 적대 행위를 할 경우 조선을 공격해도 국제법적인 문제가 없도록 청과 조선을 동시에 선전포고 대상에 넣었다가, 나중에 조선을 국제법적으로 대등한 국가로 취급하지 않아도 된다는 의견이 우세해져 조선이 빠졌을 것이라는 견해를 보였습니다.

　　그동안 일본은 청일전쟁을 '조선의 독립'을 위해 치른 전쟁이었다고 말해 왔고, 일본 역사 교과서에도 청일전쟁은 치밀하게 사전 준비로 이뤄진 전쟁이라기보다는 동학농민혁명으로 출병한 청과 일본이 부딪친 사건으로 기술되어 있습니다.

　　그러나 이번 문건의 발견으로 일본은 조선에서 일어난 동학농민혁명과 관계없이 조선을 침략하고자 했으며, 청일전쟁이 조선 침략을 위해 사전에 치밀하게 계획되고 준비된 전쟁이었음이 밝혀진 것입니다. 아울러 국내의 일부 학자들 사이에서도 동학농민혁명이 청일전쟁을 불러일으킨 것으로 보는 시각 또한 바로잡아야 할 것으로 보입니다.

2. 척왜의 깃발을 높이 든 삼례 봉기

1894년 6월 21일 일본군은 경복궁을 침입하여 고종을 강제로 연금하고 김홍집을 내세워 친일 내각을 구성하는 등 조선의 자주권을 노골적으로 침해했으며 청일전쟁에서 승리한 후 조선에 대한 침략 정책은 더욱 노골화되었습니다.

이러한 상황에서 남원의 김개남 부대는 8월 25일 재봉기를 선언합니다. 이때 전봉준은 남원으로 달려가 이렇게 말하며 재봉기를 만류했습니다.

"지금 시세를 살피건대 일본과 청이 연달아 병사를 보내 왔으니 어느 한쪽이 승리하면 병사를 옮겨 우리를 공격해 올 것이다. 우리들은 비록 숫자는 많다 하나 오합지졸이어서 결국 뜻을 이룰 수 없을 것이니 각 고을에 흩어져 있다가 서서히 그 변화를 살펴보는 것이 낫다."

손화중 또한 다음과 같이 재봉기가 적절치 못함을 지적했습니다.

"우리들이 거사한 지가 반년, 도내 많은 이들이 함께 행동을 했으나

삼례에 조성된 동학농민혁명 역사광장 조형물.

이름 있는 자가 따르지 않고 재산 있는 자가 따르지 않으며 글 잘하는 선비가 따르지 않는다……. 사방으로 흩어져 때를 기다려 도모함만 못하다."

하지만 김개남은 대중은 한번 흩어지면 다시 모으기 어렵다며 재봉기를 주장했습니다.

마침내 전봉준은 일제의 침략으로부터 나라를 지키고자 9월 전라도 삼례(參禮)에서 척왜의 깃발을 높이 들고 재차 농민 봉기를 일으켰으니 이것이 동학농민혁명 2차 봉기입니다. 이때 삼례에 모인 전라도 일대 접주로는 진안의 문계팔(文季八)·김영동(金永東)·이종태(李宗泰), 금구의 조준구(趙駿九), 전주의 최대봉(崔大奉)·송일두(宋日斗), 정읍의 손여옥(孫汝玉), 부안의 김석윤(金錫允)·김여중(金汝中)·송희옥(宋憙玉) 등이 있으며 이들이 이끄는 4,000여 명이 모였습니다.

사실 이때까지의 1차 동학농민혁명은 동학의 상층부가 있던 북접의 참여가 없는 남접만의 독자적인 봉기였습니다. 그러나 9월 18일 호서 지방에서 최시형이 기포령을 내려 무력 봉기를 선언함으로써 논산에서 호남의 남접과 호서의 북접 동학 농민군이 연합하게 되었습니다.

한편 동학 농민군 지도자인 손화중과 최경선은 일본군이 바다를 통해 나주(羅州) 해안으로 공격해 들어올 거라는 정보에 따라 광주(光州)와 나주에 머물러 대비하고 있었습니다. 이때 김개남은 조금 뒤늦은 10월경 전주를 지나 금산을 거쳐 청주로 진격했습니다. 이들 봉기를 앞뒤로 경상, 강원, 경기, 평안, 함경, 황해도에서도 농민들이 봉기했습니다.

경상도에서는 9월 초에 화개, 남해, 하동, 사천, 진주, 곤양, 성주 등지에서 동학 농민군이 봉기했으며, 강원도에서도 원주, 영월, 평창, 정선, 횡성, 홍천, 강릉, 양양 등지에서 대규모 봉기가 이어졌습니다. 경기도에서는 안성에서 양지, 이천, 양근, 지평을 비롯한 경기도 전역에서 동학 농민군이 잇달아 봉기했습니다.

평안도에서는 황해도와 접경인 상원에서 약 600명의 동학 농민군이 봉기하여 관아를 습격했고, 함경도에서는 원산 부근에서 수백 명의 동학 농민군이 봉기했습니다. 황해도에서는 장연에서 봉기하기 시작하여 황해도 해주를 점령했고 해주에서 일단 철수했다가 다시 13개의 군현을 점령하고 금천까지 진출했습니다. 그러나 일본군의 신무기에 밀려 제2차 해주 점령에 실패한 후 구월산에 주둔하여 일본군과 대치했으니 사실상 조선 전역에서 동학 농민군의 봉기가 일어난 것입니다.

동학농민혁명 당시 농민군의 2차 봉기 터인 현재 전북 완주군 삼례읍에는 동학 농민군의 넋을 기리는 역사광장이 마련되어 있습니다. 이 광장은 당시 농기구를 든 농민군의 봉기 모습을 형상화한 '대동의 장'과 그들의 영혼을 위로하기 위한 '추념의 장', 농민혁명의 뜻을 기리기 위한 '선양의 장' 등으로 나뉘어 각각 특성에 맞는 상징물이 들어서 있습니다.

3. 전국 각 지역 동학 농민군 봉기

충청도

전라도 고부 황토현에서 동학 농민군이 전라감영군을 격파하고 대승을 거두었다는 소식이 전해지자 다음 날인 4월 8일 밤 충청도 회덕에서도 수천 명의 동학 농민군이 회덕 현아를 쳐들어가 무기고를 털어 가지고 진잠현으로 진격했습니다.

그 후 비록 큰 성과는 거두지 못하고 해산했지만 전라도와 함께 봉기를 했다는 점에서 그 의의가 크다 할 것입니다. 충청도 지역의 동학 농민군 활동은 삼례 봉기 이후 두드러지는데, 9월 30일 천안의 김화성과 목천의 김용희 대접주가 이끄는 동학 농민군은 봉기하여 세성산으로 집결했습니다. 10월 1일 서산과 태안에서도 동학 농민군이 일어나 관아를 점령하고 군수를 참수했습니다.

10월 3일 청주에서, 10월 6일 아산에서, 10월 6일 괴산에서 각기 동학 농민군이 봉기하여 접전이 있었으며 10월 11일 보은 장내에 집결했

태안 방갈리 화암포, 태안 지역 최초 기포지 자리에는 화력발전소가 연기를 내뿜고 있다.

던 최시형의 동학 농민군은 청산으로 나아가 옥천으로 진출하여 10월 23일에는 북상하는 호남의 동학 농민군과 호응했습니다.

10월 21일 목천 세성산(충남 천안 독립기념관 뒷산)에서 일본군과 관군에 의해 포위된 동학 농민군은 일본군의 신무기에 크게 패했습니다. 이 전투의 패배는 동학 농민군에겐 매우 치명적이었습니다. 세성산을 근거로 관군의 남하를 저지하고 동학 농민군의 한양 진격로를 확보할 계획이었기 때문이지요.

갑오년 10월 15일 일제의 침략에 맞서 태안 경이정(태안읍 동문리)에서 동학 농민군이 다시 기포했습니다. 이들은 덕포 박인호와 예포 박희인 대접주가 인솔하는 동학 농민군에 합류하여 여미 벌에서 집결하여 작전 계획을 세우고 10월 24일 당진 승전곡(勝戰谷) 전투에서 대승을 거둔 후 26일에 예산군 신례원 관작리 빙현(氷峴)에서 또다시 승전

해미읍성 11월 7일 농민군과 이두황의 관군이 치열하게 싸웠으나 결국 농민군이 패하여 많은 수가 포로로 잡혔다.

했습니다. 이들은 27일 예산군 역촌 뒷들에서 하룻밤을 쉬고, 다음 날인 10월 28일은 대신사 탄신 기도일이라 덕산군 역촌 뒤 고개에서 머물러 기도를 드리고 곧 홍주성으로 향하여 홍주성 공격에 총력을 기울였습니다.

그러나 이때 홍주성에는 이미 일본군이 입성해 있었기에 완강한 저항에 부딪쳤으며 오히려 일본군과 관군의 연합 작전에 의해 무려 천여 명의 동학 농민군이 희생되었습니다.

홍주성에서 대패하여 관군과 일본군에 쫓긴 동학 농민군은 11월 7일 해미성(海美城) 전투와 8일 매현(梅峴) 전투에서 또다시 패전하여 재기할 여력을 잃은 채 최후로 11월 13일경에 태안 백화산에 집결했고 일본군과 관군에 쫓기면서 끝까지 항전했으나 패하고 말았습니다. 일본군은 동학농민혁명군 수백 명을 붙잡아다 목을 졸라 죽이고 몽둥이로 잔인하게 때려죽였습니다.

일본군은 시체를 일일이 헤쳐 보면서 혹 산 사람이 있으면 확인 사살했다고 하며, 작두로 목을 잘라 효수하여 시장 거리를 행진했다고 합니다.

● 역사 산책

교장(絞杖) 바위인가, 교장(校長) 바위인가

태안 백화산은 옛날부터 태안군의 진산이며, 국보 제307호인 마애삼존불상이 모셔져 있는 영산이고, 태안팔경 가운데 하나로 꼽힙니다. 이 산 기슭에는 '교장 바위'가 있습니다. 갑오년 당시 이곳에서 수많은 동학 농민군이 일본군에게 무참하게 학살되었기에 붙여진 이름입니다. 즉 목을 졸라 죽인다는 교살(絞殺)과 몽둥이로 때려죽인다는 장살(杖殺)을 줄여서 교장(絞杖) 바위라 한 것입니다.

1978년 마침내 유족들이 뜻을 모아 북접 동학 농민군 최후의 결전 장소이자, 동학 농민군의 한이 서린 백화산 기슭에 '갑오동학혁명군 추모탑'을 건립했습니다.

그런데 요즘 태안에서는 동학혁명과 관련하여 백화산의 유명한 '교장 바위'를 놓고 상당한 논란이 벌어지고 있습니다. 현재 백화산 기슭엔 일제강점기 조선인을 깔보고 능멸하는 일본인 가게에 새벽 돌 투척을 감행한 일로 주재소에 구금된 학생들이 본서로 넘어가지 않도록 유치장 안에서 함께 생활한 일본인 교장 선생님에 대한 감사 표시로 학부모들이 그분의 이름을 바위벽에 새긴 것에서 연유하여 그때부터 그 바위가 교장(校長) 바위로 불리게 되었다는 이야기를 담은 안내판만이 서 있습니다.

태안 백화산 기슭 교장 바위와 안내판.

어원이야 어떻든 동학 농민군의 애국단심의 얼이 서린 이곳에 주재소나 악질 일본인 집에 돌팔매질한 학생들을 찬양하지는 못할망정 일본인 교장을 찬양하기 위하여 교장 바위로 불렸다는 안내문만을 세워 놓았다는 사실이 안타깝기 그지없습니다.

동학혁명태안군기념사업회와 태안동학농민혁명유족회는 교장 바위의 교장은 '校長'이 아니라 '絞杖'이라며 태안군청에 안내판을 바꾸어 줄 것을 요구하고 있지만 아직도 요지부동입니다. 그 안내판이 하루빨리 교체되기를 바랍니다.

전라도, 경상도

경상도에서는 1894년 6월 순천에 내려온 전라도 금구 출신 영호(嶺湖) 대접주 김인배의 활약으로 광양, 하동, 진주 일대에서 크게 세력을 떨쳤습니다. 하동에서 일어난 농민군은 그 해 7월에 도소를 설치했지만 양반과 향리 층을 중심으로 조직된 민보군의 습격을 받고 광양으로 밀려났습니다.

그는 순천의 농민군과 함께 9월 1일 하동을 재차 공격하여 승리하고 도소를 다시 설치했습니다. 하동에서의 농민군 승리 소식은 사천·곤양·진주 등 인근 지역 농민군을 고무시켜 여러 지역에서 봉기가 이어졌습니다. 남해에서는 9월 11일 농민군이 봉기했고 사천에서는 13일 800여 명이 봉기하여 관청을 불태우고 무기를 빼앗았습니다. 15일에는 1,500~1,600여 명의 밀양 농민군이 관아를 공격했습니다. 15일에는 곤양 농민군이, 16일에는 고성 농민군이 읍내를 점거했습니다. 이렇게 봉기한 군현의 농민군은 진주로 진격하여 9월 17일 진주 병영을 점령했습니다.

이들 경상도 남서부 지역의 농민군은 일본군과 관군 연합 부대와 10월 10일부터 진주 일대에서 두 차례의 접전을 벌였으나 패했습니다. 진주 수곡면에 다시 집결한 농민군은 14일 일본군과 고승산성에서 필사적인 항전을 전개했지만, 200여 명에 이르는 사망자를 내고 패하고 말았습니다. 일본군과 관군은 농민군을 추격하여 하동으로 들어갔고 김인배의 농민군은 다시 순천·광양의 세력을 규합하여 하동을 공격했으나 실패했습니다.

김인배의 농민군은 다시 전라좌수영이 있는 여수를 공격했고 이에 좌수사 김철규는 여수 앞바다에 정박 중인 일본 쓰쿠바 함대에 도움을 요청하여 일본 육전대(陸田隊) 100여 명과 좌수영 군대가 연합하여 농민군을 살육했으며 그 후 김인배는 광양에서 잡혀 처형당했습니다.

상주에서는 김현영이 이끄는 농민군이 여름부터 활동했습니다. 상주 일대의 농민군은 9월 최시형이 기포령을 내리자, 읍내 점령에 나서서 9월 22일 상주와 선산(善山) 관아를 차례로 점령했습니다. 하지만 28일에 일본군의 기습 공격을 받아 100여 명의 희생자를 내고 상주와 선산읍에서 물러났습니다.

예천의 농민군은 3월부터 수접주(首接主) 최맹순의 지휘하에 활동을 개시했으며, 그 결과 예천 읍내를 제외하고 대부분 지역을 장악했습니다. 이때 예천 읍내에는 양반과 향리 층을 중심으로 민보군이 조직되어 있었고, 8월 28일 민보군의 기습으로 농민군은 크게 패전했습니다.

하동 송림.

장흥에서는 대접주 이방언의 지휘하에 장흥을 점거한 뒤 강진까지 점령했습니다. 다른 농민군 부대는 영암, 해남을 위협했습니다. 이렇게 되자 나주에 있던 이규태가 이끄는 관군은 영암에 모여 있던 2만여 명의 농민군을 공격했습니다. 이에 농민군은 장흥 쪽으로 후퇴했고 관군은 강진 병영으로 향했습니다. 농민군은 강진에서 후퇴, 장흥으로 진을 옮겼습니다. 12월 12일 농민군과 관군은 장흥 석대(石臺) 들에서 치열한 전투를 벌였고 농민군은 엄청난 피해를 입었습니다.

강원도

강원도의 경우 1894년 3월 1차 봉기 때는 별다른 움직임이 없었는데 9월 초 충청도 제천·청주의 농민군과 강원도의 영월·평창 지역 농민군이 손을 잡고 일제히 봉기했습니다. 이들은 평창에 집결하여 인근의 정선 농민군과 합세한 뒤 9월 4일 강릉을 점령했습니다.

그러나 9월 7일 민보군의 습격을 받아 20~30여 명의 희생자를 내고 대관령을 넘어 평창으로 밀려났습니다. 강릉에서 물러난 이후로도 농민군은 평창·영월·정선 등 대관령 서부 지역을 장악한 채 계속 강릉을 위협했습니다. 하지만 이들은 11월 4일 평창에서 일본군과 관군의 집중적인 공격을 받아 100여 명의 희생자를 냈고, 그 패전으로 강원도 남부 지역의 농민군은 사실상 무너지고 말았습니다.

홍천 지역에서는 대접주 차기석이 이끄는 농민군이 활동했습니다. 홍천의 농민군은 남하하여 충청도 일대의 농민군에 합류하고자 했으나 강원도 지역 민보군과 관군에 막혀 다시 홍천으로 돌아왔습니다.

10월 11일 홍천군 내촌면에 집결한 농민군은 이날 관곡 창고가 있던 동창 일대를 공략한 후 강릉으로 진군해 갔습니다. 이 홍천의 농민군은 10월 21일 맹영재가 이끄는 민보군과 홍천 장야촌에서 접전을 벌였으나 패하고 서석면 풍암리 자작고개로 퇴각했습니다. 이들은 여기서 22일에 또다시 관군과 치열한 접전을 벌였지만 패전하고 봉평 내면으로 퇴각했습니다. 그 후 농민군은 11월 11~14일까지 일본군과 전투를 벌였으나 다시 패하고 말았습니다. 이것이 강원도 지역에서의 마지막 항쟁이었습니다.

강원도 홍천 자작고개에 있는 동학혁명군위령탑.

경기도

경기도 지역 농민군 역시 9월 재봉기가 시작된 이후 봉기가 이뤄졌는데, 그나마 세력과 활동이 매우 미약한 편이었습니다. 9월 25일에는 농민군 수천 명이 음죽(陰竹) 관아를 점령했습니다. 27일에는 이천의 농민군이 일본군의 공격을 받아 30명이 체포되고 지도자급 10명이 처형당했습니다.

29일에는 안성·이천의 농민군 수만 명이 충청도 진천을 점령하여 무기고를 헐어 군기를 빼앗았습니다. 그러나 이후 경기 지역에서 농민군의 조직적인 봉기는 거의 사라졌습니다. 대신 이 지역 농민군은 충청도 농민군과 합류해 진천·충주·음성·괴산 등지에서 활약했습니다. 경기도 지역 농민군이 오래 버티지 못하고 충청도 쪽으로 남하할 수밖에 없었던 것은 이곳이 서울의 인접 지역이어서 초기부터 일본군과 관군의 강력한 진압에 부딪쳤기 때문입니다.

황해도

황해도에서는 9월 들어 서해 연안의 여러 군현에서 농민군이 활발히 일어났습니다. 10월 6일 농민군 수만 명이 감영인 해주의 취야 장터에 모여 폐정(弊政)을 적어 제출한 뒤 일단 해산했습니다. 그러나 이들은 임종현의 지휘 아래 다시 모여 해주 감영을 점령했습니다. 재령의 농민군 2,000여 명은 10월 26일 쌀을 사들이기 위해 파견된 일본군을 공격했고, 28일에는 일본인 2명을 죽였습니다.

이들은 11월 1일 일본군과 전투를 벌여 15명의 희생자를 내고 흩어졌습니다. 풍천의 농민군 수천 명이 봉기하여 10월 27일 풍천부를 점령했고, 11월 4일에는 평산 일대의 농민군이 일본군을 공격한 뒤 평산부를 점령했습니다. 그러나 평산·김천 일대의 농민군은 곧 서울에서 파견된 일본군에게 쫓겼습니다.

해주 감영에서 물러났던 농민군은 11월 11일 강령현을 습격하여 일본군과 싸웠고 13일에는 신천의 농민군이 일본군과 접전했습니다. 황해도 일대의 농민군은 13일 송화현·문화현·평산부·조니진·오우진·용매진을 점령했고, 14일에는 장연부·신천군·장수산성·수양산성을 점령했습니다.

농민군은 15일 옹진 수영을 공격하고, 17일에는 연안부를 공격했습니다. 또한 19일 은율현과 21일 백천군을 공격했습니다. 이처럼 황해도 각지에서 기세를 올리던 농민군은 다시 해주 감영 공격을 대대적으로 준비했습니다.

그리하여 11월 20일 취야 장터에 수천 명이 모였고 24일에는 수만의 농민군이 총집결했습니다. 이들 농민군은 11월 27일 해주 감영을 총공격했습니다. 이때의 농민군은 재령·신천·문화·장연·옹진·강령 등지에서 집결한 3만여 명에 이르는 연합 부대였습니다.

해주성 공격의 선봉장은 당시 동학 접주이던 백범 김구로 그때 나이 17세였습니다. 농민군은 안타깝게 전투에서 패배했고 이후 이듬해 1월까지 산발적인 항쟁을 벌였으나 그 후에는 활동이 잠잠해지고 말았습니다.

4. 통한의 우금티 전투

10월 16일 논산에서 만난 남북접 동학 농민군은 한양을 향해 북으로 진격했습니다. 그러나 이미 한양에서 내려온 중앙군과 일본군은 전략적 요충지인 공주성의 요처에 병력을 배치하여 공주를 향해 진격해 오는 동학 농민군을 기다리고 있었지요. 당시 조정에서는 전봉준이 이끄는 동학 농민군의 북상이 시작되기 전인 9월 초부터 경기도 안성과 죽산 지역의 동학 농민군 진압을 위해 죽산 부사에 장위영 영관 이두황, 안성 군수에 경리청 영관 성하영을 임명했고, 호위부장 신정희를 도순무사로 삼았습니다.

죽산 부사에서 순무영 우선봉으로 재차 임명된 이두황은 장위영 병졸들을 이끌고 9월 20일 한양을 떠나 용인·죽산·음성·청주·보은을 거쳐 공주 감영으로 가던 중 10월 21일 목천 세성산 전투를 치른 후 10월 27일 공주에 들어섰습니다. 좌선봉으로 임명된 이규태는 교도중대와 통위영 2중대를 이끌고 과천·수원을 지나 도중에 일본군 3중대

당시 충청도 목천(木川) 세성산(細成山) 지도.

와 합류하여 진위 · 성환 · 안성 · 평택 · 아산 · 천안을 거쳐 10월 24일 경 공주에 도착했습니다.

한편 청일전쟁에서 승리가 확실해지자 일본은 공사 이노우에(井上馨)의 요청에 따라 후비보병 제19대대에게 동학 농민군 몰살을 지시했습니다. 일본군은 경부로와 인천-대동강로의 2개 선을 병참로로 하여 요지마다 병참 사령부를 설치했습니다. 경기 · 황해 · 강원 · 경상도 지방의 동학 농민군 진압은 일본군 제18대대와 이 일본군 병참부 수비대가 전담했으며, 충청도와 전라도의 동학 농민군 진압에 제19대대의 보조 병력이 투입되었고, 후비보병 제19대대는 전라도와 충청도의 동학 농민군을 수색 토벌할 목적으로 투입되었습니다.

일본군 후비보병 제19대대는 조선의 동북쪽으로부터 서로(西路), 중로(中路), 동로(東路) 등 3로로 나뉘어 내려오면서 전라도의 남해안 지방으로 동학 농민군을 몰아 완전 몰살하기로 했습니다. 동시에 이노우에

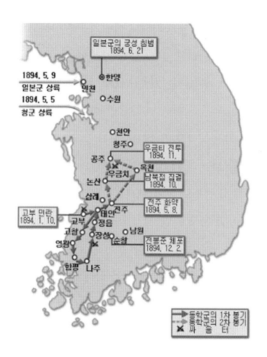

공사는 조선의 외무대신 김윤식에게 동학 농민군 토벌에 대한 관군의 지휘권을 강제로 넘겨받았습니다. 그리고 각 지방 유생들은 민보군, 의병 등 여러 가지 명칭으로 동학 농민군을 토벌하는 군대를 편성하여 관군과 일본군을 지원했습니다.

드디어 전봉준이 이끄는 동학 농민군 부대가 대전에서 충청도 감영군을 격파하고 공주로 향하던 중 10월 21일 충청도 목천 세성산에서 이두황이 이끄는 관군에게 기습을 당하여 패했습니다. 10월 23일 이인(利仁)에서 전투가 벌어져 경리청군(經理廳軍) 대관(隊官) 윤영성(尹泳成)이 이끄는 관군과 일본군을 공격하여 이인역을 점령하고 승리했습니다.

이인 전투에서 승리한 후 다음 날 새벽에 공주 감영의 뒷산인 봉황산을 포위했고 다른 1대는 효포(孝浦)를 공격해서 점령했습니다. 동학 농민군은 이인 전투와 효포 전투에서 연달아 승리하고 공주를 삼면에서 포위했습니다. 동학 농민군의 공주성 공격은 10월 23일 이인 전투를 비롯하여 10월 24일 대교(大橋) 전투, 25일의 효포와 능치(凌峙) 전투, 11월 8일의 우금티 전투로 이어졌습니다.

11월 9일 아침 동학 농민군은 이인으로 가는 길목과 우금티산 사이 약 10리에 걸쳐 공격해 들어갔습니다. 동시에 삼화산(三花山)에 주둔해 있던 동학 농민군도 오실(梧室) 뒷산을 향해 진격했습니다. 결국 일본군과 관군의 근대 신무기의 위력에 후퇴와 공격을 수십 차례 거듭했으나 전봉준의 주력 부대는 참패하고 말았습니다.

전봉준은 공초(供招, 심문 기록)에서 참패의 상황을 다음과 같이 말했습니다.

"2차 접전 후 1만여 명의 군병을 세어 보니 살아남은 자가 불과 3,000명이요, 그 후 또 다시 접전 후 세어 보니 500여 명에 불과했다."

결국 수만에 이르는 동학 농민군이 일본군 2,000여 명과 관군 3,200여 명 등 5,200여 명에 불과한 연합군과 싸워 패한 것이지요. 동학 농민군이 수적 우세에도 불구하고 참패한 요인을 분석해 보면, 가장 결정적인 원인은 전투 수행 능력과 무기의 열세였습니다.

동학 농민군은 죽창에 칼과 활이 주무기였으며 일부가 지닌 재래식 화승총은 사거리가 100보 정도에 지나지 않았습니다. 반면에 일본군은

효포 전경.

잘 훈련된 정예병이었고 대포와 기관포, 최대 사거리가 2,000미터에 이르는 미제 스나이더 소총과 무라다 소총 등 최신식 무기로 무장했던 것입니다.

10월 26일 동학 농민군은 신례원(禮山)에서 관군과 접전하여 승리를 거두었습니다. 그 승리의 원인은 동학 농민군이 신비한 조화를 일으켰기 때문이라고 전합니다. 전투에 앞서 관군은 신례원 토성에 포대를 묻고 동학 농민군이 공격해 오기를 기다리다 마침내 접전이 이뤄지기 직전에 70세쯤 되어 보이는 백발 노파가 이상한 옷을 입고 진중으로 왔다가더니 별안간에 대포 구멍에 물이 가득하여 관군이 대포를 쏘려다가 한 발도 쏘지 못하고 대포도 버리고 도망쳤다고 합니다.

그때 관군과 백성들 사이에서는 "동학 농민군은 바람과 비를 부리는 재주가 있어서 능히 대포 구멍에 물을 나게 한다."는 유언비어가 돌았답니다. 지금까지도 그 지방 사람들은 그 일을 퍽 이상스럽게 생각한다

우금티 고개에서 바라본 공주.

예산 신례원 전경.

고 합니다. 사실 그것은 무슨 조화나 술법이 아니라 관군의 밥을 해 주던 노파가 동학 농민군을 돕기 위해서 관군이 자는 틈을 타서 변복을 하고 포문에다 물을 길어 붓고 도망친 것이었습니다.

　당시에 어리석은 관군들은 그것을 알지 못하고 그저 놀라서 도망을 쳤다고 합니다. 이러한 일만 보아도 당시의 민심이 관군을 얼마나 미워하고 동학군을 얼마나 환영했는지 알 수 있지요.

● 생각해 보기

우금티 표기 문제

지명에는 산·강·평야·고개 등의 자연 지명이나, 마을·고을 등의 인문 지명, 시·읍·면 등의 행정 지명 등이 있습니다. 원래 지명은 관청이나 어느 개인이 짓는 것이 아니라, 오랜 세월에 걸쳐 그 지역 사람들이 익숙하게 불러 오는 호칭입니다. 그래서 지명에는 그 지역의 정서가 짙게 나타나고, 또 보수성이 강합니다.

우금티는 공주 금학동에서 이인면으로 넘어가는 고개 이름입니다. 공주가 도시로 가꾸어진 역사는 확실치 않으나 최소 2,000년으로 추정해도, 그 옛날 이 고개의 처음 이름이 무엇이었는지 아무도 모릅니다.

흔히 이 고개를 '우금치' 라고 알고 있는데, 이것은 '우금티' 의 잘못된 표기입니다. 그 이유를 몇 가지로 설명해 보겠습니다.

우리나라 지명의 역사를 보면, 고려 때와 일제강점기에 억지로 순우리말 지명을 한자말 지명으로 바꾼 적이 있었습니다. 이로 보면, 우금티도 분명이 순우리말 지명이었는데, 어느 날 갑자기 한자말 '우금치(牛禁峙)' 라는 말로 바뀐 것이 틀림없습니다. '우금' 도 '윗곰' 이나 '외곰', '윗검' 등 순우리말이었다면, '티' 도 적당한 한자어를 찾아 '치(峙)' 로 바꾸어 표기했을 것으로 추정됩니다.

둘째로는 우리말에서 '티' 와 '치' 의 사용 문제입니다. 훈민정음 표기(15세기 중반) 이후 우리말 명사나 동사에는 '치' 를 별로 쓰지 않았습니다. 현대어 '눈치, 갈치, 준치' 등은 '눈칙, 갈티, 쥰티' 등으로 표기했습니다. '치다, 치이다, 치받치다' 등도 '티다, 티이다, 티

완다' 등이 변한 말입니다. 국어학적으로 보면, '티'가 '치'로 변하는 이른바 구개음화 현상은 18세기 후반 유희의 『언문지』에서부터라고 말합니다. 곧 '우금치'라는 표기는 20세기 초반 일본 사람들이 한자로 음차해서 사용한 말일 것입니다.

일본 사람들의 우리말 문화의 핍박은 이미 잘 알려진 사실입니다. 창씨개명은 그만두고라도, 이와 같은 작은 지명에서까지 억지를 부린 흔적은 우리 마음을 아프게 합니다. '우금치'는 '우금티'로 바꾸어 표기해야 옳습니다.

김진규(공주대 교수, 국어학전공)

농민군의
패퇴

전봉준이 관군에게 보낸 호소문

일변 생각건대 조선 사람끼리라도 도는 다르나 척왜와 척화는 그 의가 일반이다.

두어 자 글로 의혹을 풀어 알게 하나니 각기 돌려 보고 충군 애국하는 마음이 있거든

곧 의리로 돌아오면 상의하여 같이 척왜 척화하여 조선으로 왜국이 되지 않게 하고

동심협력하여 대사를 이루게 할 것이니라.

1. 농민군의 패퇴

노성 부근으로 후퇴한 전봉준은 11월 12일 관군에게 조선인끼리 싸우지 말고 일제를 몰아내기 위한 항일 연합전선을 펴자는 내용의 간곡한 호소문을 띄웁니다.

그러나 공주 전투에서 패하여 사기가 한번 꺾인 동학 농민군들은 논산, 원평, 태인 등 각지에서 일본군과 관군에 맞서 항전을 벌였으나 다시 패하고 말았습니다. 전봉준의 동학 농민군이 우금티 전투에서 패전

논산 황화대.

전봉준 부대의 최후 전투지 정읍시 태인 성황산.

한 후 김개남이 이끈 동학 농민군도 금산 쪽에서 진잠을 공격하면서 마침내 11월 11일 청주성으로 진격하여 11월 13일 전투를 치렀으나 일본군과 관군에게 패하고 남하하게 되었습니다.

한편 최시형이 이끄는 북접군은 11월 5일 청산 석성리(石城里)에서 일본군, 교도병과 전투를 했으나 패하고 금산, 진산, 고산, 용담 등지로 후퇴했습니다. 나주성을 포위하고 있던 손화중과 최경선은 12월 1일 동학 농민군을 해산했다가 최경선이 다시 무리를 모아 12월 7일 벽성(碧城)에서 관군과 싸웠으나 역시 패하고 말았습니다.

전봉준이 이끈 동학 농민군은 공주 우금티에서 후퇴한 후 노성에서 전열을 가다듬었으나 또다시 일본군과 관군의 공격을 받고 11월 14일 후퇴하여 논산 남쪽의 소토산 일대에서 대오를 정비하여 반격을 시도하다 다시 후퇴했습니다.

곧이어 동학 농민군은 논산 남쪽에 있는 황화대에 주둔하여 전투를

정읍시 태인 전경.

벌였으나 다시 패하고 말았습니다. 금구의 원평으로 철수한 전봉준의
동학 농민군은 11월 25일 원평 구미란 뒷산에 진을 치고 이진호(李軫
鎬)가 이끄는 교도병(敎導兵) 350명과 일본군을 맞아 전투를 감행했으
나 다시 패하고 남쪽 20리 떨어진 태인으로 후퇴하여 11월 27일 아침
5,000여 결사대와 함께 성황산, 한가산, 도이산 일대에서 최후의 혈전
을 벌인 후 패하자 후일을 기약하고 휘하의 동학 농민군을 해산했습
니다.

● 생생한 사료 보기

전봉준이 11월 12일 관군에게 보낸 호소문

다름이 아니라 일본과 조선이 개국 이후 비록 이웃 나라이나 오랜 세월 동안 적대하던 나라이더니, 성상의 인자하시고 후덕하심에 힘입어 세 항구를 열어 주어서 갑신정변 이후 네 명의 흉악한 사람(김옥균 · 박영효 · 서재필 · 홍윤식)들이 적을 끼고 돌아서 군부의 위태함이 조석(朝夕)이 있더니 종묘사직의 홍복으로 간사한 무리들을 소멸하고, 금년 시월에 개화를 빙자한 간사한 무리들이 왜국을 엮어서 밤을 타고 서울에 들어와 임금을 핍박하고 국권을 천자(박영효가 일본 공사 이노우에와 고종을 만나 군국기무처를 개편하고 완전 친일 내각을 만든 일을 말함) 하며 또 하물며 방백 수령이 모두 개화의 무리 소속으로 인민을 무휼(撫恤)치 아니하고 살육을 좋아하며 생령(生靈)을 도탄(塗炭)하매, 이제 우리 동도(東徒)가 의병을 들어 왜적을 소멸하고 개화를 제어하며 조정을 깨끗이 청소하고 사직을 안보할 새 매번 의병이 이르는 곳의 병정과 군교가 의리를 생각하지 않고 나와서 접전하매 비록 승패가 없으나 인명이 서로 상하니 어찌 불쌍하지 아니하리오.

사실은 조선끼리 서로 싸우고자 하는 바가 아니거늘 이와 같이 골육상전하니 어찌 애달프지 아니하리오. 또한 공주 한밭에서 청주 진남영(鎭南營)의 염도희(廉道希)가 이끄는 70여 명의 군인이 9월 말경 동학 농민군에게 참살 당한 일로 따져 보아도 비록 봄 사이의 원수를 갚는 것이라 하나 일이 참혹하며 후회막급이며 방금 대군이 지경에 압박하매 팔방이 흉흉한데 편벽되이 서로 싸우기만 하면 가위 골육상전이다.

일변 생각건대 조선 사람끼리라도 도는 다르나 척왜와 척화는 그 의가 일반이다. 두어 자 글로 의혹을 풀어 알게 하나니 각기 돌려 보고 충

군 애국하는 마음이 있거든 곧 의리로 돌아오면 상의하여 같이 척왜 척
화하여 조선으로 왜국이 되지 않게 하고 동심협력하여 대사를 이루게
할 것이니라.

갑오 십일월 십이일 동도창의소

2. 장흥 석대들 전투

전남 장흥은 동학농민전쟁 최후의 혈전을 치른 석대들 전투의 무대이자 장태 장군으로 유명한 이방언 장군의 고향입니다. 장흥 지방 동학 농민군들은 전봉준이 백산에서 창의의 격문을 발하자 이에 호응하여 이방언·이인환·강봉수 등이 중심이 되어 일어섰습니다. 또 오지영의 『동학사』에서 황룡촌 전투 당시 장태를 고안해 낸 사람이 장흥 접주 이방언이라 한 것을 보면 이방언을 비롯한 장흥 농민군들이 4월 23일 황룡촌 전투가 있기 전에 이미 전봉준의 부대와 합류했음을 알 수 있습니다.

하지만 전라도 삼례에서 2차 봉기가 일어났을 때 삼례로 합류하지 않고 장흥 동학 농민군에 대한 대대적인 탄압과 공세를 가하던 강진 병영과 장흥부의 수성군에 대응하기 위하여 10, 11월경 기포했습니다.

여기에 나주에서 패한 손화중·최경선 휘하의 동학 농민군이 장흥으로 합류함에 따라 장흥 동학 농민군의 군세는 대폭 강화되었습니다.

강진 병영지를 알리는 비.

마침내 12월 1일 사창에 집결한 농민군들이 12월 4일 아침 벽사역을 점령하고 장흥부로 진격했습니다.

장흥부성은 예로부터 장령성(長寧城)이라 불렸는데 당시 농민군은 이 장령성을 포위하여 12월 5일 새벽 총공격을 펼쳐 함락시켰습니다. 부사 박헌양은 농민군에 항복하지 않고 저항하다 결국 죽었습니다.

동학농민혁명이 끝난 후 정부는 박헌양과 함께 죽은 장흥 장졸들의 영령을 기리기 위해 순절비를 세워 주었으며 이 비는 현재 남산공원 한쪽의 언덕에 위치한 영회당의 비각 안에 안치되어 있습니다.

장흥부를 점령한 동학 농민군들은 12월 6일 오후 2시경 장흥과 강진의 경계인 사인점(舍人店, 현재 장흥읍 송암리) 앞들에 집결했습니다. 그리고 7일 오전 8시경 강진현을 포위하여 공격 준비를 서둘렀습니다. 이때 강진 현감 이규하(李奎夏)는 나주로 도망쳐 버리고 없었으며 김한섭과 그를 따르던 유생들을 중심으로 조직된 민보군이 성을 지키고 있었습니다.

장흥 석대들.

　김한섭은 유학자 임헌회의 제자로 이방언과는 동문수학한 친구였는데 이젠 서로의 적이 되어 만나게 되었습니다. 결국 동학 농민군의 공격에 성은 함락되었고 성을 지키던 김한섭과 제자들은 성과 함께 최후를 맞이했습니다.

　강진을 점령하여 기세를 올린 동학 농민군은 12월 10일 새벽 2시쯤 병영을 공격하여 가볍게 점령했습니다. 한편 이규태가 이끄는 관군은 12일 강진을 거쳐 장흥으로 들어오게 되며 일본군은 12월 15일, 이두황의 관군은 20일에 장흥으로 집결했습니다.

　12월 12일 남문 밖과 모정 등지에 주둔하고 있던 동학 농민군은 13일 새벽 통위대 교장 황수옥(黃水玉)이 이끄는 30명과 12일 밤늦게 장흥에 도착한 일본군과 1차 접전을 했으나 신식 무기의 위력에 눌려 수십 명의 희생자를 내고 퇴각했습니다. 동학 농민군은 13일부터 14일 사이에 재집결하여 수만의 군세를 이루면서 장흥부를 재차 포위했습니다.

마침내 12월 15일 동학 농민군은 자울재를 넘어 석대들을 가득 메우며 장흥부로 진격해 들어갔으나 일본군과 관군의 연합군에게 밀려 또다시 패하고 말았습니다.

석대들 전투에서 일본군은 구르프 포와 무라다 소총 등 최신 무기를 앞세워 공주 우금티 전투와 마찬가지로 화승총과 죽창이나 몽둥이로 무장한 3만여 명의 동학 농민군을 처참하게 학살했습니다. 석대들 전투에서 겨우 살아남은 농민군은 강진과 해남으로 도망갔지만 해남 앞바다에서 대기하고 있던 일본군은 피신하는 동학 농민군을 무참히 사살했습니다.

한편 12월 20일에는 우선봉장 이두황이 이끄는 경군이, 29일에는 출진참모관 별군관이 이끄는 경군이 장흥에 도착하였습니다. 이들은 도착하자마자 일본군과 함께 집집마다 수색을 하며 농민군을 색출하여 매일같이 수십 명씩 잡아다가 장흥 장대와 벽사역 뒤 저수지 둑에서 잔인하게 학살하고 그 시신을 불태웠습니다.

● 생각해 보기

장흥, 110년 만의 화해와 상생

한 세기의 세월을 훌쩍 넘긴 장흥에는 아직도 당시의 상처가 아물지 않고 남아 있습니다. 동학농민혁명이 끝나자 관에서 장흥부를 지키다가 동학 농민군으로부터 죽음을 당한 부사 박헌양을 비롯한 수성 장졸 96인의 죽음을 기리기 위해 영회단을 세워 해마다 전몰 수성 장병 기일이면 장흥의 정부기관을 중심으로 지역의 유지들이 모두 모여들어 제사를 지내 왔습니다.

장흥도 다른 지역과 마찬가지로 동학농민혁명 당시 지역 주민들이 수성 장졸들과 동학 농민군의 양편으로 나뉘어 싸웠습니다. 그 후 동학 농민군으로부터 장령성을 지키다 죽은 이들의 죽음은 나라에 대한 충(忠)으로 인정받았고 실패한 동학 농민군은 난을 일으킨 역적으로 낙인찍혀 왔습니다.

이러한 까닭에 장흥 지역에서는 관군의 후손들이 세력을 얻어 지역의 유지로 거듭났습니다. 상대적으로 동학 농민군의 후손들은 대부분의 동학 농민군 후예들이 그래 왔듯이 제대로 배우지 못하고 암울한 시기에 먹고살기에도 급급한 형편이라 부모들의 비참하고 잔인한 죽음에도 입이 있으나 말을 못하는 죄인으로만 그저 지내왔습니다.

그러나 시대가 변하여 동학농민혁명에 대한 올바른 재평가가 이뤄지게 되면서 장흥 지역에서도 다른 분위기가 형성되기 시작했습니다. 이제껏 역적으로만 알았던 동학 농민군의 활동에 대한 평가와 더불어 관군과 동학 농민군 사이의 명암이 엇갈리기 시작한 것이지요. 그리고 이것이 관군과 동학 농민군 후손들 양자 간의 갈등으로 이어져 왔던 것입니다.

100여 년 전 동학 농민군의 최후 격전인 석대들 전투를 치르며 수천 명이 숨져 갔던 동학 농민군의 희생을 기리기 위해 1992년에 이곳 충렬리 언덕 위에 동학혁명기념탑을 세웠습니다. 하지만 정부 기관과 관군 후손들의 반대에 부딪혀 그동안 공식적인 제막식을 치르지 못했습니다. 그러다가 지난 2004년 3월 5일 '동학농민혁명 참여자 등에 관한 명예회복 특별법' 제정을 계기로 2004년 4월 26일 비로소 기념탑을 조성한 지 12년 만에 제막식을 열었습니다.

오늘날 장흥의 동학혁명기념탑 앞에서 110년 전 동학 농민군이 외쳤던 폐정개혁안 12조 "동학도와 정부가 원한을 풀고 서정을 협력한다."는 조항을 다시 떠올려 봅니다.

장흥 석대들 앞 동학농민혁명기념탑.

3. 대둔산 전투

이번에는 대둔산 전투 상황을 알아봅시다. 금산(錦山) 접주 최공우(崔公雨)가 이끈 동학 농민군은 공주 우금티에서 패한 후 일본군과 관군이 동학 농민군을 토벌하고자 남하하자 무리를 이끌고 전북 완주군 운주면(雲洲面) 산북리(山北里)에 있는 대둔산 미륵바위(715.1미터) 정상으로 근거지를 옮겨 저항의 채비를 갖추었습니다.

대둔산은 전형적인 바위산입니다. 수년 전 대둔산 항전지를 답사한 적이 있는데 주위가 온통 바위로 되어 있어서 오르기가 매우 힘들었던 기억이 납니다. 대둔산 케이블카 정상 정류장에서 서쪽 계곡 아래에 있는 육각정(六角亭)으로 내려가다 서쪽 가파른 능선을 향해 다시 올라갑니다. 그리고 가파른 고개를 넘어 석도골 골짜기로 다시 내려가 거대한 바위를 좌측으로 끼고 계곡으로 올라가면 정상 능선이 나옵니다.

여기서 조금 가다 보면 좌측에 바위 봉우리가 나타나는데 그곳이 미륵바위입니다. 좌측 옆으로 돌아가면 기어오를 수 있는 곳이 있습니다.

대둔산 항전지.

미륵바위 꼭대기에는 삼사십여 명이 생활할 수 있을 정도의 평평한 공간이 몇 군데 있습니다. 당시 동학 농민군들은 정상에 있는 평평한 공간에 제1초막을 지었습니다. 사방이 낭떠러지 암벽으로 되어 있어 적이 쉽게 접근하기 곤란한 지형입니다.

일본군 기록에 초막이 세 채라고 한 것으로 미루어 보면 여기서 동쪽으로 내려가다 좌측 바위틈을 빠져나가면 제1초막 절반 정도 크기의 평평한 공간이 있는데 이곳에 제2초막을 치고 제1초막에서 25미터쯤 남동쪽 계곡으로 내려와 제3초막을 친 것으로 보입니다.

이곳에 함께 들어간 동학 농민군 지도부는 최학연(崔鶴淵 崔士文)과 최공우(崔公雨), 김재순(金在醇), 김석순(金石醇), 진수환(陳秀煥), 강태종(姜泰鍾), 김치삼(金致三), 장문화(張文化), 김태경(金台景), 정옥남(鄭玉男), 고판광(高判光), 송인업(宋仁業) 등 30여 명이었습니다.

마침내 1895년 1월 9일(양력 2월 3일) 충청감영은 대둔산에 입산한 동학 농민군을 토벌하기 위하여 관군을 출동시켰습니다. 양호소모사 문석봉(文錫鳳)은 양총(洋銃)으로 무장한 40여 명의 영군을 이끌고 10일에 터골(基洞)에 도착했습니다.

그러나 험준한 바위 봉우리로 이루어 진 대둔산 산세를 보고 접근하여 공격할 엄두도 내지 못하고 조방장(助防將) 김학립(金鶴立)에게 미륵바위 서남쪽 100미터 떨어진 계곡 너머 능선에서 몇 차례 사격을 시키다가 진산으로 철수하고 말았습니다.

"터골(基洞)에 이르자 전주에서 파견된 한병(사관 1명, 병졸 30명)이 대포를 산 위로 끌어올려 적의 소굴을 향해 줄곧 포격하고 있었다. 대포가 1,500미터나 떨어져 있는데다 200~300미터 아래쪽에서 포격하니 포탄은 적의 소굴 훨씬 전방에 떨어져 한 발도 명중하지 않았다."

위와 같은 『주한일본공사관기록』을 살펴보더라도, 험준한 지형으로 인해 동학 농민군 공략이 여의치 않았음을 알 수 있습니다.

그러나 1월 23일에 신식 무기로 무장한 심영병(沁營兵=壯衛營兵)과 일본군 3개 분대가 터골에 도착하여 1895년 1월 24일(양 2월 18일) 아침 공격을 개시하니 상황은 급박해졌습니다. 「대둔산 부근 전투상보」에 의하면 동학 농민군은 후방에서 기습한 일본군을 막지 못해 처참한 최후를 맞았다고 전합니다.

「대둔산 부근 전투상보」 요지(1895년 2월 18일 특무군조)

1) 2월 17일(양) 지대(일본군 3개 분대와 한병 30명으로 편성)는 고산 현에서 명령을 받고 오전 3시 30분 출발하여 오후 4시 30분에 대둔산에 도착했다.

2) 그날은 한병(韓兵) 사관 윤세영(尹勢榮)과 김광수(金光洙)를 대동 하고 산 위로 올라가 정찰했다. 남쪽에선 6킬로미터, 북쪽에서 8킬로미 터 남짓했다. 적은 절벽 위 큰 바위 사이에 3채의 집을 짓고 경계를 늦추 지 않았다. 우리를 발견하자 몇 차례 사격을 가해왔다. 작년 음력 11월 중순경부터 5, 6명의 적은 이 산 위 암굴 속에 들어와 살고 있었다. 공주 군대는 이것을 알고 15, 16일 전에 3일간 공격하다 돌아갔다. 그 후 민병 이 와서 공격하다 한 명이 총상당하자 달아났다. 2, 3일 전에는 전주에서 군사가 와 공격하고 있는 중이라 한다. 여러 곳의 적들은 모여들기 시작 하여 지금은 50여 명이 된다고 한다. 관군이 공격하면 큰 돌과 거목을 떨 어뜨리기도 하고 총을 쏘기도 하여 가까이 갈 수가 없다. 적굴은 바위 위 에 있으므로 사다리가 있어야 겨우 오를 수 있다.

3) 18일 오전 3시에 야습할 계획이었으나 바람 비가 심하고 안개마저 자욱하여 지척을 분간할 수 없어 동이 트기만 기다렸다. 오전 5시 고마 츠(小松直幹)에게 2개 분대를 인솔하고 적의 배후로 40리 남짓 우회하게 했다. 그리고 소관은 6시 30분 일본군 1개 대대와 장위영병 30명을 인솔 하고 적의 정면을 기어올랐다. 적의 소굴 100미터 전방까지 접근하자 돌 과 나무토막을 떨어뜨렸다. 안개는 여전히 자욱하여 적은 보이지 않고

까마득히 말소리만 들려왔다.

4) 오전 9시 30분, 배치를 마치니 적의 전방 사면 왼쪽 200미터 지점 고지에는 한병 20명을 배치하고 나머지 한병과 일본군 1개 분대는 왼쪽 고지에 배치했다. 배후로 올라갔던 고마쯔(小松) 지대가 10시에 도착하자 뒤쪽 고지에 배치했다. 오전 11시 10분경에 큰 바람이 불어 안개가 걷히며 적의 소재를 볼 수 있었다. 얼마 후 적은 5, 6명을 아래쪽에 배치하자 정면에 있던 한병이 저격했다.

다리를 맞고 새끼줄을 타고 올라갔다. 적의 소굴은 큰 바위로 삼면이 뒤덮여 지붕만 겨우 보일 뿐이었고 큰 돌을 쌓아 정면에 총구멍을 내었다. 위에는 거목을 올려놓아 우리 군대가 가까이 오기만을 기다려 무언가 시도해 보려는 것 같았다.

1시 40분, 세 방향에서 맹렬히 엄호사격을 가하게 하고 소관은 일본군 1개 분대와 한병 사관 두 명을 대동하고 산정에서 배후를 공격하기로 했다. 가파른 언덕을 내려와 겨우 적의 소굴 뒤쪽 아래까지 돌진했다. 그런데 몇 길이나 되는 암석이 담벽과 같이 서 있어 전진할 도리가 없다. 갖고 오던 사다리를 중도에서 버렸으니 대책이 없었다. 사람 사다리를 만들어 한 사람씩 올라가게 하니 15분 만에 전 대원을 등반시켰다.

다행히 적은 산이 험준한 것만 믿고 배후는 고려하지 않고 전방의 한병을 향해 계속 발포했다. 이 틈을 타서 불시에 소리를 지르며 돌격했다. 적도는 허둥지둥 당황하여 어떤 자는 천 길이나 되는 계곡으로 뛰어들었고 어떤 자는 바위 굴 속으로 숨었다.

살아남은 자는 모두 포박하려 했으나 우리가 돌격한 다음 사다리를 타고 올라온 한병이 이들을 모두 죽이고 겨우 한 소년만 남겼다. 이 소년에게 적의 정황을 물었더니 적은 25, 26명이 있었는데 대개는 접주 이상의 위치에 있는 사람이라 했다. 또 28, 29세 되는 임산부가 총에 맞아 죽어 있었다. 접주 김석순(金石醇)은 한 살짜리 여아를 안고 천길의 벼랑을 뛰어 내리다 암석에 부딪쳐 박살이 나 즉사했다.

5) 압수된 서류를 조사해 보니 주요한 자는 도금찰(都禁察) 최학연(崔鶴淵), 도집강(都執綱) 장지홍(張志弘), 도집강(都執綱) 최고금(崔高錦), 도집행(都執行) 이광의(李光儀). 이광우(李光宇), 대정(大正) 이시열(李是悅), 접사(接司) 조한봉(趙漢鳳), 접주(接主) 김재순(金在醇), 접주(接主) 진수환(陳秀煥), 교수(敎授) 강태종(姜泰鍾), 봉도(奉道) 전판동(全判童)이다. 명단에 없는 나머지 사람들은 알 길이 없다.

한편 오지영의 『동학사』는 그때의 상황을 다음과 같이 묘사했습니다.

一日은 관병(官兵) 수백 명이 안개 속에 몸을 숨기어 가만히 그 산 후면으로 기어들어오며 일제히 총질을 했다. 그 석굴(石窟)은 一夫當關 萬夫莫開之地(한 명의 힘으로서 빗장을 걸면 만 명이 열지 못하는 땅)임을 믿고 있던 그들은 졸지에 변을 당하여 총에 맞아 죽은 이도 많고 절벽에 떨어져 죽은 이도 또한 많았었다.

그러나 유독 최공우 한 사람만은 살아 돌아왔었다. 그는 관병이 총질할 때에 있어 안마음에 생각하기를 내 비록 죽을지라도 결코 적의 손에는 죽지 않겠다 하고 이어 꽃石을 무릅쓰고 千丈의 절벽으로 내리 굴러 떨어졌다. 담력이 큰 최공우는 오히려 정신을 수습했다. 절벽에서 굴러가는 최공우는 홀연 나뭇가지에 걸리어 있는 동안 꽃石 구멍으로 목을 내밀어 내다보았다. 내 一定 죽었거니 어찌하여 이곳에서 머물러 있게 되었는가. 이것이 정말 죽음인가. 산 것이 도리어 이러한가. 스스로 의아하기를 마지아니했다. 차차 정신을 돌이켜 가만히 岩石 밖으로 머리를 내밀고 내다 보았다. 자기 몸은 이미 천장의 절벽 중간에 걸리어 殘命이 오히려 남아 있음을 깨달았다. 최공우는 다시 정신을 수습하여 이리저리 살펴보니 어찌 轉身만 잘하고 보면 可以할 도리가 있음을 뜻한지라. 이어 岩石을 벗어 버리고 절벽 사이로 이리저리 몸을 붙여 나뭇가지도 붙잡으며 돌부리도 어루만지며 혹 기기도 하고, 혹 뛰기도 하고, 혹 뒹굴기도 하여 천신만고로 죽을 힘을 다 들이어 이윽고 평지에 내려섰다.

위 두 기록을 살펴보면 당시 대둔산 항쟁이 얼마나 치열했으며 그 결과가 얼마나 처참했는지 짐작해 볼 수 있습니다. 게다가 1월 하순의 눈 쌓인 산 정상에서 고립무원의 동학 농민군의 심정을, 적의 손에 잡히느니 스스로 목숨을 끊겠다는 비장한 각오로 절벽으로 뛰어들었던 그 심정을 헤아려 보면 숙연해지는 마음을 금할 길이 없습니다.

4. 일본군의 잔혹한 토벌

최근 언론에서 박맹수 원광대 교수의 제보로 동학 농민군 토벌과 관련된 쿠스노키 마사하루(楠正治) 상등병이 쓴 「일청교전 종군 일지」(『한겨레신문』 2013년 7월 23일자)와 1894년 일본군 후비보병 18대대 소속 미야모토 다케타로 소위가 18대대 1중대와 함께 충청도 금산, 전라도 용담·진안·고산 등에서 토벌작전을 벌인 사실을 당시 동학 농민 학살을 주도한 일본군 대본영 참모본부 운수통신장관 겸 육군 소장이던 데라우치 마사타케에게 보고한 편지(『한겨레신문』 2013년 8월 28일자)가 보도되어 세간의 주목을 받은 바 있습니다.

이 사료가 주목받은 이유는 동학 농민군 진압의 직접적 당사자인 일본군 진압 기록이 최초로 공개되었다는 점과, 이를 통해 일본군의 잔혹한 학살 만행의 일각이 드러났기 때문이었습니다. 그중 쿠스노키 비요키치라는 일본군 병사가 남긴 동학 농민군 학살 관련 일지는 길이 9미터 23센티, 폭 34센티의 두루마리 문서로서 쿠스노키의 일지 메모를 그의 친척 쿠스노키 마사하루가 동학 농민군 학살이 끝난 지 3~4년 뒤에 다시 정서한 것입니다. 그 내용을 살펴보면 다음과 같습니다.

후비보병 제19대대에게 '조선 동학당 토벌대'로 출병 명령이 하달되자 구스노키 상등병은 1894년 7월 23일에 후비역(後備役) 병사로 소집되어 일본군 후비보병 제19대대 제1중대 제2소대 제2분대에 소속되었습니다. 쿠스노키는 1894년 11월 6일 오후 3시 15분 인천항에 도착하여 11월 8일 용산 만리창에 당도하였으며, 11월 11일에 삼로(동로 제1중대 중대장 마츠키 마사야스 대위, 중로 제3중대 중대장 이시쿠로 대위, 서로 제2중대 중대장 니시모리 대위, 모리오 대위)로 나누어 진압하라는 명령에 따라 11월 12일 용산을 출발하였습니다. 그들은 경기도 광주를 거쳐 곤지암에서 접주 김기룡을 체포하여 총살하고 이천에 도착한 제1중대는 제2소대장 쿠스노키노(楠野) 소위를 선발대로 파견하여 집집마다 수색하고 달아나는 자 모두를 총살하였으며, 부녀자 13명까지 체포 구금하였습니다. 11월 17일 새벽 3시 가흥 북쪽 30리에 농민군이 집결해 있다는 정보를 듣고 출동하여 오전 6시 동막읍 도착, 민가를 불태우고 농민군 18명을 학살하였으며 접주 이경원(李敬原)을 체포하여 총살하였습니다.

충청도로 이동 명령을 받은 부대는 21일 청풍 인근 동학 접주 집과 40리 떨어진 성내동의 모든 민가를 불태웠습니다. 22일 제천 접주 한 명을 체포해 총살했고, 그 다음 날 청풍현 민가 수십 채를 불태웠으며

12월 13일 충주 인근에서 동학 접주를 체포해 총살했고 18일 개령의 관리들 수십 명을 동학교도라는 이유로 모두 총살하였습니다. 19일 김천에서 농민 10명을 죽이고, 23일엔 거창 촌락을 수색해 8명을 체포해서 총살했으며 26일 오후 3시 50분 남원성에 도착, 30일엔 남원 일대 절과 민가들을 불태웠습니다. 31일 곡성으로 이동하여 농가 수십 호를 불태웠고 그날 밤 농민군 10명을 체포해 그들을 불태워 죽였습니다.

1895년 1월 2일 옥과에서 농민군 5명을 고문한 뒤 총살하고 시신은 불태웠으며 4일엔 능주에서 농민군 70~80명을 체포하여 고문 끝에 20명 정도를 총살하였습니다. 다음 날인 5일에도 능주에서 또 농민군 수백 명을 체포하여 그중 수십 명을 총살하였습니다. 7일엔 장흥에 들어가 40~50호의 농가를 불태우고 농민군 10명을 죽였으며, 9일에 8명의 농민을 생포해 그중 3명을 때려죽이고, 이어서 도망치던 농민을 추격해서 48명을 때려죽인 다음 부상자 10명을 생포해 고문하여 불태워 죽였습니다.

1월 11일 장흥 일대 통행자를 모조리 붙잡아 고문했고, 저항자는 옷에 불을 붙여 달아나면 총을 쏘아 죽였으며 잔인하게도 일본군들은 "그 광경을 보고 모두 웃었다."고 합니다. 죽청동 인근에서는 아무것도 모르는 12살 아이에게 많은 돈을 주겠다고 꾀어 농민들을 일렬로 세워놓고 그중 동학군을 지목하게 한 다음 16명을 고문하고 8명을 총살시키고 시신은 불태웠습니다. 죽천 장터에서도 18명을 죽였으며 대흥면 쪽으로 가다 11명의 농민을 붙잡아 살해하였는데 그중 3명은 옷에 불을 붙여 바다 쪽에 빠져 죽게 만드는 등 사람으로서 차마 못할 짓들을 서슴지 않고 자행하였습니다. 13일 대흥면 산에서 농민군 수십 명을 잡아 죽이고 길옆과 도랑에 시신을 버리기도 하였습니다. 14일 장흥에서 농민군 17명을 체포하여 처형하였는데 그 전 전투에서 다리에 관통상을 입은 최동이라는 17세의 동학 지휘관이 죽천(竹川) 근처 마을인 학송(鶴松)이란 곳에 숨어 있다는 밀고를 받고 체포했습니다.

한편 22일 해남에서 붙잡혀 온 농민군 16명을 총살했고 31일엔 "동학 농민군 7명을 밭 가운데 일렬로 세워 놓고 총에 착검을 하고 모리타(森田近通) 1등 군조의 호령에 따라 일제히 돌격하여 찔러 죽였다. 옆에서 구경하던 조선 사람들과 통위영 병사들이 몹시 경악했다."고 기록하고 있습니다.

2월 4일, "(나주부) 남문에서 4정(약 4km) 정도 떨어진 곳에 작은 산이 있었고, 그곳에는 사람의 시신이 실로 산을 이루고 있었다. 지난번 장흥부 전투(1895년 1월 8~10일) 이후 수색을 강화하자 숨을 곳 찾기가 어려워진 농민군이 민보군 또는 일본군에 포획당해, 책문(고문) 뒤 죽은 중죄인이 매일 12명 이상으로 103명을 넘었다. 그리하여 그곳에 버려진 시신이 680구에 달하여 땅은 죽은 사람들의 기름이 하얀 은(백은)처럼 얼어붙어 있었다. 이렇게 많은 시체를 본 것은 전쟁 중에 일찍이 없던 일로서 농민군의 시체는 개나 새들의 밥이 되고 있었다."라고 말함으로써 일본군인 자신들이 볼 때도 잔인하고 충격적인 학살임을 밝히고 있습니다.

또 다른 사료를 살펴보도록 하지요. 일본 육군보병소위 스즈키는 1894년 10월 충청도 방면의 동학 농민군 토벌을 위해 명령을 받고 용산

(龍山)을 출발하여 공주(公州) 및 청주(淸州) 부근에서 동학 농민군과 싸운 뒤, 공주에서 체류 중 독립 제19대대(일본 대본영의 직속부대로 용산에 본부를 두고 동학 농민군 토벌을 전담하였다)와 교대하고 귀대하라는 명령을 받고, 다음 달 11월 26일 용산으로 돌아왔습니다. 11월 27일 어은동(漁隱洞, 서해연안에 있는 지명. 일본군 황해도 진압군은 용산의 후비보병 6연대 4개 중대가 동원되었다)에 있는 후쿠하라(福原) 병참감의 명령을 받았는데, "재령(載寧) 부근의 비도(匪徒)가 요즈음 평산(平山) 부근에 나타났으니 속히 그들을 토벌하고 수괴를 체포하여 그를 이노우에(井上馨) 공사에게 보내라."는 것이었습니다. 이에 스즈키는 황해도 지방의 동학 농민군 토벌 과정을 「황해도동학당정토략기(黃海道東學黨征討略記)」란 문건으로 보고하였는데 정리를 하면 다음과 같습니다.

황해도 평산을 점령한 동학 농민군이 금천을 공격할 거라는 첩보를 듣고 스즈키 부대는 급히 금천으로 출동하여 동학 농민군의 상황을 정탐하니 평산의 동학 농민군 300~400명이 남서, 즉 해주 방향으로 이동했다는 소식을 듣게 되었습니다.

동학 농민군을 추적하여 누천(漏川)에 이르러 마을 사람을 잡고 물으니, "평산에서 도망 온 동학 농민군들이 어젯밤 모두 이곳에 모였다가 갑자기 흩어져 도주했다."고 말했습니다. 다시 동학 농민군이 도망간 방향과 이 마을 안에 그들의 가옥이 있는지 없는지를 물어보자 마을 사람들이 말하기를 "하나도 알지 못한다."고 말했습니다. 그러나 마을에 조 백 수십 가마니가 저장된 것을 발견하고 그 소유자를 묻자, 말하기를 "이 마을의 쌀"이라고 했으나 심문하자 "모두가 동학 농민군의 양식"이라고 자백하게 됩니다. 스즈키는 마을 사람들이 동학 농민군의 소재를 알 것이라 여겨 추궁하였으나 바로 고하지 않으므로, "사실을 고하지 않는다면 너를 죽일 것이며, 네가 곧바로 말하면 불문에 부칠 것"이라 말하며 칼을 휘둘러 상투를 잘라 내자 마을 사람은 크게 공포를 느끼고 애걸하며 말하기를 "내가 말한 것을 비밀로 해 달라. 여기서 1리 반쯤 떨어진 곳에 가지촌(加之村)이 있다. 그 마을은 모두 동도들이다."라고 자백을 하였습니다.

일본군들이 마을 사람을 앞세우고 가지촌을 포위하여 수색하였으나 남자는 없고 부녀자와 노인만이 겨우 남아 있었습니다. 여자를 붙잡아서 무슨 까닭에 남자가 없는가를 묻자 말하기를, "오늘 아침 성인은 모두 온정(溫井)에 모이라는 격문이 있었기 때문에 모두 온정으로 갔다."고 하자 다시 온정을 향해 진격하였습니다. 곧이어 온정에 이르렀으나 스즈키 소대는 12월 6일 해주로 들어갔습니다.

해주는 황해도 감사(監司)가 있는 곳으로 호수가 삼천 정도 되는 고을인데 동학 농민군의 점령으로 관사 같은 곳은 문짝 하나도 파괴되지 않은 것이 없었고, 감사는 협소한 민가에 거주하고, 인민은 물론 관리도 도주하여 그 적막함은 실로 해주에 사람이 없다고 말해도 될 정도였습니다. 관리로서 성내에 남아 있는 사람은 감사 정헌석(鄭憲奭)과 중군(中軍), 판관(判官)과 그 밑에 있는 관료 7~8명에 불과했습니다.

그중 이민조(李敏祚)라는 자에게 가서 동학 농민군의 동정을 묻자 대답하여 말하기를, "해주 부근의 인민은 모두 동학당"이라고 하였습니다. 다시 이들이 집합하여 있는 곳을 묻자 말하기를, "남쪽으로는 녹산(綠山)의 송림(松林, 해주에 인접해 있는 벽성군의 지명이다) 끝에서부터 강령현(康翎縣), 서쪽으로 옹진(甕津), 장연(長淵), 죽산(竹山) 등지에서 북쪽으로 송화(松禾), 신천(信川), 문화(文化) 등지에서 발호하는 것 같다."라고 말했습니다.

용산에서 출동 전 스즈키가 듣기로 황해도의 동학 농민군은 오직 재령에만 있다는 것이었는데, 현장에 이르러 상황을 듣고는 크게 놀랐으나 먼저 한쪽 방향에서 파괴 유린하여 동학 농민군의 세력을 좌절시킨 후, 우두머리를 체포함과 동시에 중요한 문서도 획득하기로 결정했습니다.

다음 날 강령현 현감이 해주감사에 급한 사환을 보내 말하기를, "동비 수백 명이 다음 날을 기약하여 이 읍을 습격할 것이라고 하니 속히 와서 도와 달라."고 했습니다. 스즈키 소대는 그 보고를 받자마자 바로 강령 쪽으로 출발하였습니다. 새벽에 강령에 도착하여 적의 상황을 정찰시켰는데 돌아와 보고하여 말하기를 "이곳에서 남으로 반 리(里) 떨어진 고현장(古縣場, 송화군 도원면에 있는 장터로 옛 현의 소재지였다)에 수백의 동비가 집합하여 종을 울리고 큰 북을 치며 깃발을 세우고 있으니, 장차 강령을 향해 갈 것 같다."라고 하였습니다.

바로 병력을 나누어 하나는 정면에서 다른 하나는 측면에서 나아가 격전을 치른 지 한 시간 만에 마침내 동학 농민군은 세 방향으로 나뉘어 물러났습니다. 일본군은 강령의 양민을 동학 농민군과 구별하기 위해 현감의 날인이 된 종이를 모자에 부착시켰습니다. 모여든 동학 농민군 가운데 길을 잃은 자 수 명이 산꼭대기에 있었는데, 일본군이 추격하여 체포하니, 모두 모자에 종이가 붙어 있으나 그 관인(官印)은 색이 달랐습니다. 모진 고문 끝에 동학 농민군임을 자백하자 모두 처형시켰습니다.

또한 앞서 말한 송림과 녹산 방면의 동학 농민군 수천 명이 그 부근에 집합하여 재차 해주를 습격하려고 한다고 감사로부터 급보가 옴에 따라, 스즈키 소대는 강령에서 옹진, 장연 등으로 갈 계획이었지만 이 급보를 접하고 바로 해주로 돌아갔습니다.

해주로 돌아와 조선 관군으로 하여금 동학 농민군의 상황을 살피도록 하니, 돌아와 보고하여 말하기를 "송림과 녹산의 동도 천여 명이 취야장(翠野場, 해주 서쪽 취야수가에 있는 장터로 해주 물산의 공급기지였다)에 모인 뒤 계속해서 그 근방의 동지를 규합하여 그날로 해주를 습격하고자 준비를 하고 있다."고 말했습니다. 일본군은 불시에 습격하려고 새벽 3시에 해주를 출발하여 오전 6시 취야장 부근에 도착하였습니다. 그때 동학 농민군의 초병이 먼저 알고 발포하였습니다. 일본군은 즉시 부대 일부를 동학 농민군의 측면으로 우회시키고 남은 일부 병사와 조선 관군 약간은 정면으로 나아가 격전을 치르니, 대략 2시간이 지나자 동학 농민군이 마침내 패하고 도주하였습니다.

스즈키 소대가 다시 해주로 가는 도중에 해주에서 6리 떨어진 청단(靑丹)에서 감사의 급보를 접하였는데, "동도 수천 명이 4~5리 떨어진 곳에서 습격했으니, 빨리 와서 구원해 달라."는 내용이었습니다. 즉시 출동하여 해주에 이르니 해주성의 교외 멀리서 이미 총성이 들리고 또한 연기가 피어오르는 것을 보고 스즈키가 성문에 올라가 살펴보니, 남쪽과 서쪽의 산꼭대기에는 이미 동학 농민군이 모여 있어 새하얀 모습을 이루고 있었고 그 수는 적어도 6,000~7,000명 정도였습니다. 남문 가까이에 온 동학 농민군 300여 명이 근방의 소나무 숲에 은밀히 모여 있기에 포격을 하여도 서쪽의 동학 농민군은 단지 깃발만 흔들 뿐이고 재차 포격하지 않음에 따라 총포가 없음을 안 일본군은 자신감을 얻고 40명의 병력을 둘로 나누어, 20명은 성에 남아 남문의 적을 맡게 하였고, 나머지 20명을 이끌고 성 밖으로 갑자기 나아가서 2~3회의 사격을 가하자, 동학 농민군들이 갑자기 도주를 시작하여 마침내 한 사람도 남아 있지 않게 되었습니다.

거기서부터 남문의 동학 농민군을 향해 그 전면과 측면에서 십자형으로 사격하여 몇 명을 쓰러뜨렸으나 오히려 동학 농민군의 극렬한 저항으로 일본군은 탄환이 떨어지게 되었습니다. 이에 어쩔 수 없이 사격을 멈추고 두 방향에서 돌진하였습니다.

그러자 이 형세에 두려움을 느낀 동학 농민군들은 마침내 도주하기 시작하였습니다.

제8장

인물
이야기

인간이라면 누구나 죽음 앞에서 나약해지기 마련이지만

전봉준은 의연히 자신의 신념인 조선 민중의 자유와 평등, 민족의 자주 평화를 위해

죽음을 담담히 받아들였습니다.

전봉준의 진정한 매력은 구국의 신념과 열정 뒤에 있는 인간미입니다.

1. 전봉준이 우리 시대에 던져 주는 화두

탐학하는 관리를 없애고 그릇된 정치를 바로잡는 것이 무엇이 잘못이며 사람으로서 사람을 매매하는 것과 국토를 농락하며 사복을 채우는 자를 치는 것이 무엇이 잘못이냐

내 너희를 쳐 없애고 나랏일을 바로잡으려다가 도리어 너희 손에 잡혔으니 너희는 나를 죽일 뿐이요 다른 말은 묻지 말라 내 적의 손에 죽기는 할지언정 적의 법을 받지는 아니하리라

1895년 3월 29일
아침부터 비가 내리고 있었다

전봉준은 그렇게 갔다 그러나
의 하나에 목숨 걸 수 있는 이 있어
이 땅에 나 오늘 역적의 후손으로도
자랑스러울 수 있다

마흔한 살이었다

구구한 목숨에 연연하지 않고

목숨 던지는 이 있어

이 나라 정신사 튼튼할 수 있다

백성을 사랑하고 정의를 위한 일 무슨 허물이랴

죽음 앞에 한 편 시

이렇게 쓰고 가는 이 있어

하늘 아래 우리 가슴 넉넉할 수 있다

오늘 바람 부는 이 산하에

비 젖은 깃발 같은 목숨 하나 늘 위태로이 붙들고 선

내 나이 마흔한 살

아침부터 비가 내리고 있었다

—도종환, 「마흔한 살 전봉준」

전봉준은 1855년(乙卯年) 12월 3일 전라도에서 태어났습니다. 그의 출생지에 관해서는 한때 고창군 고창읍 죽림리 당촌 마을에서 출생했다는 설, 전주 태생으로 어려서 태인현 감산면으로 이주했

고창군 부안면에 조성한 전봉준 장군 생가.

다는 설, 정읍(이평면 조소리) 태생이라는 설 등이 있었습니다. 1993년 즈음해서는 고부 고창읍 죽림리 당촌(現, 高敞邑 竹林里 52番地)으로 의견이 모아졌습니다.

최근에는 1866년(병술년)에 간행된 『天安全氏世譜』(이하 병술보)를 분석한 결과 정읍시 고부면 입석리 일대 마을이라는 주장이 설득력 있게 제기되고 있기도 합니다.

그가 살아왔던 19세기 후반의 조선은 안으로는 봉건사회의 모순이 표출되고 밖으로는 자본주의를 앞세운 서양 열강의 침략이 노골화되어 봉건사회의 낡은 틀을 무너뜨리며 새로운 사회의 발전을 모색하는 전환기였습니다.

8세 때에 삼남 지방을 뒤흔든 1862년 전국적인 농민 항쟁을 겪었으며, 10세(1864. 3) 때에 대구에서 동학의 교주 처형, 감수성이 예민한 12세(1866)와 17세(1871) 때에 각각 병인양요와 신미양요, 그리고 혈기 넘치는 22세 때(1876)에 강화도 조약 체결, 29세 때(1882)에 임오군란과 31세 때(1884)에 갑신정변 같은 큰 사건들을 직접 보거나 들어 왔을 것입니다.

이런 상황에서 전봉준은 도탄에 빠진 세상을 구하겠다는 뜻을 품고 때를 기다리다가 마침내 동학에 입교하여 서장옥·김개남·손화중 등을 만나 의거를 도모하게 되었던 것입니다.

그러나 안타깝게도 공주 싸움에서 패한 후, 11월 27일 (양력 12월 23일) 태인 싸움을 최후로 수행 몇 명과 11월 29일 입암산성(笠嚴山城)으로 들어가 밤을 지냈습니다. 때마침 남하하는 일본군 (모리오) 부대와 이규태의 관군이 입암 천원에서 추격해 온다는 정보를 듣고 30일 다시 산성에서 동쪽으로 20리 거리에 있는 백양사로 이동했습니다.

백양사 청류암에서 하룻밤을 보낸 후 김개남이 은신하고 있는 태인 산내면 종성리로 가는 도중, 다음 날 해 질 무렵 순창군 쌍치면 피노리에 이르러 왕년의 친구 김경천을 찾았다가 체포되고 말았으니 1894년 12월 2일(양력 12월 28일)이었습니다.

그는 순창을 거쳐 담양의 일본군에 인계되어 나주에서 전주를 경유 12월 18일 서울에 도착했는데 동학 농민군들을 경계하여 일본 영사관 감방에 수감되었습니다.

전봉준은 다음해 2월 9일, 2월 11일, 2월 19일, 3월 7일, 3월 10일, 5차에 걸쳐 일본 영사의 심문을 받고 3월 30일(3월 29일 사형 선고를 받고 손화중, 최경선과 함께 다음 날 30일 새벽 2시 교형으로 집행된 사실이 당시 일본 신문 『시사신보』에 의하여 밝혀졌습니다), 손화중, 최경선과 함께 최후를 마치니 향년 41세였습니다. 그는 최후를 맞이하기 전에 다음과 같은 시를 남겼습니다.

時來天地皆同力 때를 만나서는 천지가 모두 힘을 합치더니
運去英雄不自謀 운이 다하매 영웅도 스스로 도모할 길이 없구나.
愛民正義我無失 백성을 사랑하고 의를 세움에 나 또한 잘못이 없건마는
爲國丹心誰有知 나라를 위한 붉은 마음을 누가 알까.

　　전봉준 처형 당시 집행 총책임자로 있던 강모(姜某)는 말하되, 나는 전봉준이 잡혀 오던 날부터 나중에 형(刑)을 받던 날까지 그의 전후 행동을 잘 살펴보았다. …… 과연 그는 평지돌출로 일어서서 조선의 민중 운동을 대규모적으로 한 자이니 그는 죽을 때까지라도 그의 뜻을 굴치 아니하고 본심 그대로 태연히 간 자다. 그는 형(刑)을 받을 때 교수대 앞에서 법관이 "가족에 대하여 할 말이 있거든 말하라." 하는 말을 듣고 이렇게 말했다 한다. "나를 죽일진대 종로 네거리에서 목을 베어 오고가는 사람에게 내 피를 뿌려 주는 것이 마땅하다. 어찌 컴컴한 적굴 속에서 암연히 죽이느냐? 하고 준절히 꾸짖었다 한다."
(오지영, 『동학사』)

인간이라면 누구나 죽음 앞에서 나약해지기 마련이지만 전봉준은 의연히 자신의 신념인 조선 민중의 자유와 평등, 민족의 자주 평화를 위해 죽음을 담담히 받아들였습니다.
서울로 잡혀 왔을 때에는 한쪽 다리를 다쳤기에 일본 병원에서 치료

를 받게 되었는데, 이 때 일제는 일본과 조선이 연합하여 동양 평화를 이룩하고 또 대연합을 건설하여 서양 세력에 맞서자느니, 일본이 협력으로 조선의 내정 개혁 및 봉건적 신분제를 타파하자는 등의 설득을 폈습니다.

"그대의 죄상은 일본 법률로 따질 것 같으면 상당한 국사범(國事犯)이지만 사형에까지는 이르지 아니할 수도 있으니 그대는 마땅히 일본인 변호사에게 위탁하여 재판해 보는 것이 좋을 것이요. 또는 일본 정부의 양해를 얻어 살길을 찾는 것이 좋지 않겠소?"

그러나 전봉준은 이렇듯 의연하게 거절했습니다.

"너희들은 나의 원수요, 나는 너희들의 원수이니 너희들은 원수이니 나를 죽일 뿐이라. 여러 말 할 것 없다 ……구차한 삶을 위해 살길을 구하는 것은 내 뜻이 아니다. ……이제 와서 어찌 그런 비열한 마음을 가질 수 있겠는가. 나는 죽음을 기다린 지 오래다."

그가 반외세 반봉건을 추구했던 것은 어디까지나 우리 민족의 역량과 동력을 토대로 이룩하는 것이지 일본의 힘을 빌려서 성취하고자 한 것이 아니었기 때문이지요. 오히려 민족의 안위와 자존을 위해서는 일본이 우리의 적이며 타도해야 할 대상임을 그는 결코 잊지 않았고, 일제는 결국 그를 설득하는 작업을 포기해야 했습니다.

전봉준의 진정한 매력은 구국의 신념과 열정 뒤에 있는 인간미입니다. 갑오년 고부 농민 봉기를 일으킨 동기에 대하여 이렇게 진술했습니다.

"한 몸의 해를 위해 기포하는 것이 어찌 남자의 일이라 하겠는가?

중민이 원탄하는 고로 백성을 위해 제해(除害)코자 했다."

백성 사랑하는 마음이 고스란히 드러나 있습니다.

갑오년 고부 농민 봉기로부터 시작한 농민 항쟁은 황토현 전투, 황룡강 전투, 전주성 점령에 이어 전라도 삼례의 2차 봉기 후 공주를 공략했으나 관군과 일군의 연합군에게 거듭 패전했습니다. 이에 전봉준은 우리 민족이 전 역량을 결집하여 대일 항전에 나서지 못하고 골육상잔을 일삼는 것을 안타까워하면서 일본군과 연합한 관군에게 고시문을 보내 호소했습니다.

> 기실 조선 사람끼리 싸우자는 바가 아니거늘 이와 같이 골육상전하니, 어찌 애달프지 아니하리오…… 한편으로 생각하면 조선 사람끼리라도 도(道)는 다르지만 척왜와 척화는 그 의가 일반이라. 두어 자 글로 의혹을 풀어 알게 하노니, 각각 돌보고 충군애국의 마음이 있거든 곧 의리로 돌아와서 상의하여, 같이 척왜척화하여 조선으로 왜국이 되지 않게 하고, 마음을 같이하고 힘을 합하여 대사를 이루게 하올세라.

그의 염원은 동족끼리 싸우는 비극에서 벗어나 이 나라가 일제의 식민지가 되지 않게 하려는 것이었습니다. 이와 같은 전봉준의 비통한 염원은 오늘날 분단 체제에서 비롯된 동북아전쟁의 위협 속에서 우리 민족에게 시사해 주는 바가 크다 할 것입니다.

● 이야기 마당
전봉준의 딸 전옥례 여사

전봉준 장군이 순창 쌍치 피노리에서 체포되어 이듬해 3월 30일 교수형당하자 정읍 산외면 동곡리에 있던 당시 15세의 큰딸 전옥례(1880~1970)는 잡히면 처형당할 것으로 생각하여 전북 진안 마이산에 있는 금당사란 절로 피신하여 김옥련(金玉連)이란 이름으로 신분을 숨기고 7년 동안 공양주가 되어 궂은일을 도맡아 해 가며 지내다가 23세 때 전북 진안군 부귀면 신정리 이찬영(李贊永)과 결혼하여 7남매를 낳았습니다. 그러나 남편과 자식들에게조차도 후환이 두려워서 아버지 전봉준의 이야기를 못하고 살아야만 했습니다.

이런 고통과 은둔의 세월을 보내 오던 그녀는 마침내 1960년대 말 세상 사람들이 녹두장군을 추모하는 노래(「새야 새야」)를 드러내 놓고 부르기 시작하자 본인이 녹두장군의 딸이란 사실을 자식들에게 밝히게 되었습니다. 그리고 1970년 정읍에서 개최된 갑오동학농민혁명기념문화제가 있은 뒤 비로소 그동안의 사실을 밝힘으로써 세상에 알려지게 되었는데, 그녀의 말에 의하면 자신은 1880년 4월 8일 당시 태인현 산외면 동곡리에서 전봉준의 장녀로 태어났으며, 8세에 조부모를 따라 고부군 궁동면 양교리(현 이평면 장내리 조소 마을 전봉준 고택)로 이주하여 살았다고 합니다. 그러나 그동안 전봉준의 딸이나 부인이라 주장하는 사람들이 있었기에 전옥례 여사도 일부에서는 거짓이라는 부정적인 시각도 있었으나 정읍시 이평면 조소리에 있는 전봉준 고택 근처에 우물과 나무가 있었던 사실을 기억해 증언한 사실이나 『소고당 가사집』의 「동학 이야기」, 전봉준 장군의 공초 기록이나 족보 등 제반 기록을 검토해 볼 때 전봉준 장군의 장녀로 거의 확실시되고 있습니다.

이처럼 한 많은 일생을 살아온 전옥례 여사는 1970년 1월 5일 아들 이주석(李周奭)과 장손 이희종(李熺鐘)에게 녹두장군의 유해를 찾아 정읍시 덕천면에 있는 갑오동학혁명기념탑에 모시고 관리인에게 논 5두락을 주어 묘소를 관리하도록 유언을 마치고 91세를 일기로 세상을 떠났습니다.

한편 앞에서 언급한 소고당 고단(1922~) 여사는 전남 장흥 출신으로 김개남 장군이 살았던 정읍 산외면 동곡리로 시집와서 어릴 적 할머니 품에서 들었던 이야기와 시댁에서 들은 내용들을 가사체로 기록한 「동학 이야기」를 남겼습니다. 여기서 정읍 산외 동곡리에 사는 전 장군의 차녀가 행방 모르는 언니 생각을 하는 부분이 바로 전옥례 여사를 지칭하는 내용으로 추정됩니다. 여기에 소고당의 「동학 이야기」 원문을 소개합니다.

동학 이야기

옛날옛날 어린 시절 조모 말씀 있었니라
어린 손녀 끌어안고 오순도순 옛이야기
예순 할 때 말씀 듣던 귀밑머리 계집애가
시집살이 四十년에 내 나이 예순이라
예순 해가 흘러가도 가슴속에 남은 얘기
기억에 사라질까 말씀이 끊어질까
우리 할매 흉내 내어 허튼수작 해 보노라

(새야 새야 파랑새야 전주고 녹두새야

웃녘 새야 아랫녘 새야 함박쪽박딱딱후여)

(새야 새야 파랑새야 전주고 녹두새야

웃녘 새야 아랫녘 새야 함박쪽박딱딱후여)

그 시절 자취 밟아 산외(山外) 지형 살펴보니

九將里 萬兵里가 우연찮은 지명일세

貞良里 앞 들판은 동학 농민군의 교련지니

전봉준과 쌍벽 이룬 金開南의 출생지요

양병하던 그곳이라 우리 어찌 잊을쏜가

「개남아 개남아 김개남아 수많은

군사를 어데다 두고서 전주야

숲에다 遺屍했노 가보(甲午)세 가보세

을미(乙未)적 을미적 병신(丙申) 되면 못 가보리」

갑오년 고부봉기 선봉대장 녹두장군

전라도땅 정읍산외 東谷里서 살았다네

아버지 全彰赫 탐관오리 학정부패

항거하다 처형되니 지극성효 전녹두가

부친원한 설원코자 동학에 입교하여

김개남과 손을 잡고 교화에 힘을 쓸 제

때는 고종 三十一년 국내정세 어지러워

人乃天 사민평등 제폭구민 그 정신은

고부땅 황토현서 첫 봉화를 높이 들 제

핫바지 동학 농민군이 꾸역꾸역 모여들어

앉으면 죽산이요 일어서면 백산이라

「릉릉乙乙 부적 써서 옷깃에 꿰매 입고

시천주 조화정 영세불망 만사지」

주문을 외는 소리 천지가 진동한 듯

승승장구 동학 농민군은 척왜척양 기치 아래

牛金峙 공격할 제 관군이며 일본군에

악전고투 보람 없이 원통하게 패망하니

청일양국 간섭으로 혁명 큰 뜻 못 이루고

제세안민 그 기치가 산산조각 되었구나

「새야 새야 파랑새야 네 어이 나왔더냐

솔잎 댓잎 푸릇푸릇 여름인가 나왔더니

저 건너 청송녹죽 감쪽같이 날 속였네」

「봉준아 봉준아 봉준아 양애야

양철을 짊어지고 놀미갱갱(論山江景)이 패전했네」

김개남은 좌도접주 전봉준은 우도접주

쌍두마차 달렸건만 천운이 불길턴가

김개남은 山內宗聖 임모의 고변으로

전주감영 끌려가서 형장이슬 되었구나

녹두장군 전봉준은 순창에서 붙들려서

한성으로 압송할 제 장부의 뜻 당당하여

汝何居生 물을 적에 山外東谷 대답이요

애국단심 그 뉘 알랴 교수대의 이슬 되니

將卒之義 이렇던가 조장태의 거동 보소

녹두장군 잘린 머리 부담 안에 담아 오니

장군소실 고부댁이 동곡 뒷단 장사하고

장군 아들 두 형제를 혈육처럼 길렀으나

용개 용현 장성하여 병을 앓다 세상 떴네

보국안민 돌에 새겨 원통한 넋 달래는가
녹두장군 기록 남아 동학정신 완연타만
개남장군 자취 보소 일자기록 전혀 없네
供招 기록 남았다면 전녹두에 비견하리
조모말씀 되새기며 녹두장군 외손녀랑
개남장군 후손들을 정다웁게 찾아보세
녹두장군 따님 한 분 織錦谷(직금실) 姜門에서
일남삼녀 두었으나 외손자 강성진은
행방불명 자취 없고 외손녀 강금례는
박씨 문중 출가하여 동곡리와 斗屋間에
숨은 듯이 살고 있네 일점혈육 박승규가
동곡 후원 녹두묘를 제초하고 수호할 제
言論界서 소문 듣고 묘소를 파묘하니
해골은 간 곳 없고 한 점 뼈만 남아 있어
세상 사람 의심하니 녹두묘가 분명하다
「녹두장군 봉제사는 고부댁이 모셨다오
어머니 전씨 부인 종적 모른 형님 생각
콧노래로 흥얼흥얼 떡살 담아 곁에 끼고
직금실서 동곡리로 제사 보러 가셨지요
어린 시절 그 기억이 지금도 생생하오
부인부인 고씨 부인 이 말씀을 전해 주오」
그 모습 살피리니 내 눈에도 이슬이라

팔삭둥이 김개남의 소년 시절 거동 보소

길을 가던 도승이 그 아이 비범타만

時運을 못 탔구나 그 말 들은 개남 모친

주야로 근심터니 글공부가 일취월장

기골이 준수하여 두목지풍 완연커늘

이름은 永疇요 癸丑 九月 十五일생

초취부인 延安金氏 十九세에 상배하고

任實靑雄 선반마을 서당에서 글 갈치며

전주이씨 속현하여 一子伯述 손자형제

환옥환봉 그 자손이 직금실서 살고 있네

二十一세 입교하여 제세안민 하려다가

四十一세 甲午섣달 초사흗날 효수되니

영웅호걸 그 자취야 인생무상 이 아닌가

직금실 산둥성에 이끼 낀 돌 우뚝하고

이름 모를 산새떼만 중천을 빗겨 가니

파랑새 넋이런가 개남장군 숨결인가

수百이 한가지고 민족혼에 불타도다

미흡하고 서툰 글을 벗님네야 웃지 마오

어린 총기 살려내어 귀밑머리 추억일랑

바쁜 총중 늘그막에 헤쳐내긴 더 어렵소

새야 새야 파랑새야 녹두밭에 앉지 마라

녹두꽃이 떨어지면 청포 장수 울고 간다

애련한 동학민요 가슴에 스며드네.

● 이야기 마당

갑신정변의 핵심 인물 중 하나인 서광범과 전봉준의 만남

　　1895년 3월 29일 오후. 고등재판소에서는 법부아문 대신 서광범, 협판 이재정, 참의 장박, 주사 김기조·오용묵과 일본 영사 우치다 사다쓰지(內田定槌) 등이 주재하여 동학 농민군 지도자들에 대한 재판이 열렸다. 이 재판에서 녹두장군 전봉준은 사형선고를 받고 마침내 3월 30일 새벽 2시에 손화중, 최경선, 김덕명, 성두한 등과 함께 처형되었다.

　　일본 신문 『시사신보(時事新報)』1895년 5월 7일자에는 조선의 동학농민항쟁의 지도자 전봉준, 손화중, 최경선, 성두한, 김덕명에 대한 재판 방청기가 실려 있다. 당시 재판 광경을 목격했던 『시사신보』 서울 특파원 다카미(高見龜) 기자는 이렇게 기사를 실었다.

　　"이미 짐작은 한 바이나 사형을 선고받으면 대개 정신이 혼비백산하고 사지가 떨리는 법인데 이 점에 대해서는 이상하게도 조선 사람은 배짱이 좋다. 동학의 거두로 자임하는 전(全), 손(孫), 최(崔), 성(成)과 같은 사람은 매우 대담했다."

　　재판은 피고인 한 사람씩 혼자 법정에 들어와서 선고를 받고 나가는 방식으로 진행되었다. 성두한의 뒤를 이어 전봉준의 차례였다. 그는 긴 선고문 낭독이 끝나자 입을 열었다.

　　"정부의 명이라면 한 번 죽는 것이 굳이 아까울 게 없다. 삼가 목숨을 바치겠다."

　　재판부에서 굳이 선고문의 내용을 부연 설명하자 그는 다시 대꾸했다.

"나는 바른 길을 걷고 죽는 자인데 역률(逆律)을 적용한다는 것은 실로 천고의 유감이다."

손화중은 큰 소리로 "나는 백성을 위해 힘을 다한 것인데 어째서 사형에 처한다는 것인가" 질타했고, 최경선은 아무 말 없이 유유하고 활달한 걸음으로 법정을 떠났다.

－출처: 「동학농민군(東學農民軍) 재봉기에서 '망국(亡國)'까지(운명의 20년 2부)」, 송우혜.

전봉준에게 사형을 언도한 사람은 재판장 서광범이었다. 갑신정변의 핵심 인물인 그는 갑신정변이 삼일천하로 실패한 후 김옥균과 더불어 일본으로 도망쳤다. 조선 정부가 일본 정부에 계속해서 김옥균과 서광범의 소환을 독촉하자 1885년 5월 미국으로 망명하였다. 그런 그를 다시 조선으로 불러들인 사람은 이노우에 가오루(井上馨) 주한 일본 공사였다. 서광범은 1894년 12월 13일(음 11월 17일) 인천의 일본 영사관에 도착했고, 다음 날 곧바로 서울로 들어왔다. 당시 갑신정변 관계자에게 특사령이 내려져 있어 그해 12월 17일 김홍집 친일 내각의 법무대신으로 임용되어 내무대신이 된 박영효와 개혁을 적극적으로 추진했다. 특히 사법제도의 개혁에 착수하여 의금부를 법무아문권설재판소(法務衙門權設裁判所)로 바꾸고 모든 재판 업무를 관할하게 했으며, 재판소구성법·법관양성소규정 등을 제정·공포하고 참형 대신 교수형 제도를 채택하였다.

이렇게 일본 제국주의자들과 조선의 개화파들은 근대적인 재판소를 만들어 법의 허울을 쓰고 동학농민혁명의 지도자들을 처형한 것이다. 그리하여 전봉준과 서광범은 고등재판소에서 악연으로 만나게 된 것이다.

2. 의병장 임병찬이 김개남을 밀고한 이유

김 개남과 임병찬은 우리 역사책 속에 모두 애국지사로 자리매김 되어 있습니다. 두 분 모두 비슷한 시기에 태어나 똑같이 나라를 사랑하는 삶의 길을 걸었으나 그 방법은 달랐으며, 일제의 침략에 맞서 싸우다 비장한 최후를 맞았습니다.

동학 농민군 지도자 김개남(金開男)의 본래 이름은 영주(永疇)로 1853년 9월 15일 정읍시 산외면 동곡리 지금실에서 김대현의 제3자로 출생했습니다. '개남'이란 이름은 그가 훗날 동학에 입교하여 문자 그대로 '잘못된 세상을 바로잡고 남녘 세상을 새롭게 열겠다'는 뜻으로 지은

동학 농민군 지도자 김개남 장군.

정읍시 산외면 동곡리 지금실에 있는 김개남 장군 묘.

이름입니다.

한편 임병찬은 1851년 2월 5일 전북 옥구군(沃溝郡) 서면(西面) 상평리(上坪里)에서 임용래(林榕來)의 장남으로 태어났습니다. 호는 돈헌(遯軒)으로 1906년 면암 최익현 선생과 함께 정읍 태인 무성서원(武城書院)에서 의병을 일으켰으며, 일제의 국권강탈 이후 고종의 밀서를 받고 전국적 규모의 '대한독립의군부'를 결성하여 의병 전쟁을 일으키다 일제에 피체(被逮)되어 뜻을 이루지 못하고 거문도에 유배되어 순국했습니다.

갑오년(1894) 동학농민혁명이 일어나자 두 분은 집안 대대로 씻을 수 없는 악연을 맺었습니다. 1890년 낙안 군수로 있던 임병찬이 은퇴하여 태인 산외면 종송리(種松里, 현 宗聖里)에서 학문에 전념하던 중 1894년

김개남 장군이 체포된 정읍시 산내면 종성리.

동학농민혁명이 일어납니다.

한편 동학농민혁명이 일어나기 이전부터 태인은 이웃 금구의 원평과 아울러 호남에서 동학이 가장 그 세를 떨친 곳입니다. 또 이곳은 김개남의 집안인 도강 김씨들이 많이 살고 있어 그들이 동학의 중추적 인물로 등장합니다.

김개남은 동학 농민군이 남녘땅을 휩쓸 때 남원에서 우도의 금산, 무주, 진안, 용담, 장수를 비롯하여 좌도를 호령했고 순천에 영호도회소를 설치하고 영남의 서남부 지방까지 세를 떨쳤습니다. 삼례에서 2차 봉기가 일어나 공주로 진격하는 전봉준과 달리 그는 10월에 청주로 진격했습니다.

전봉준, 손화중과 아울러 동학의 3거두 중 최고 강경파였던 김개남은 북상 도중 전주에서 남원 부사 이용헌과 고부 군수 양필환을 체포했는데 굴복하지 않고 반항하자 일거에 이들을 단호하게 참수해 버립니다. 이런 그의 명성은 양반 관료들에겐 공포의 대상인 동시에 원한의 대상이었지요.

그는 11월 10일 청주를 공격했으나 일본군에 패하자, 진감을 거쳐 태인으로 돌아와 태인 너듸에 있던 매부 서영기 집에 숨어 정세를 관망하고 있었습니다. 이때 이웃 종송리에 살고 있던 임병찬이 김종섭을 시켜 종송리에 있던 송두용 집으로 유인하도록 시켰습니다. 종송리는 회문산 자락에 위치하여 앞서 숨었던 너듸마을보다 험하고 높은 곳에 위치하여 있으니 더욱 안전한 곳으로 와 있으라는 김종섭의 설득이 그럴싸하여 김개남은 은거지를 종송리로 옮기게 되었습니다.

한편 임병찬은 김개남을 유인해 놓고 김송현, 임병옥, 송도용을 시켜 전라도 관찰사 이도재에 고발하니 이도재는 황헌주로 하여금 강화병 80명을 거느리고 종송리에 와서 12월 1일 새벽 김개남을 체포하였습니다.

그가 잡혀 전주 감영에 끌려갈 때, 백성들은 "개남아 개남아 김개남아. 수천 군사 어디다 두고 짚둥우리에 묶여 가다니 그게 웬 말이냐"라는 노래를 불렀고 전합니다. 전라감사 이도재는 김개남을 전주로 압송한 뒤, 중도에 탈주할 우려가 있다는 이유로 김개남을 재판도 없이 즉결 처형시켰습니다. 그때의 광경을 매천 황현은 『오하기문』에서 이렇게 말하고 있습니다.

> 도재는 마침내 난을 불러오게 될까 두려워 감히 묶어서 서울로 보내
> 지 못하고 즉시 목을 베어 죽이고 배를 갈라 내장을 끄집어냈는데 큰 동
> 이에 가득하여 보통사람보다 훨씬 크고 많았다. 그에게 원한을 가지고
> 있는 자들이 다투어 내장을 씹었고, 그의 고기를 나누어 제상에 올려놓
> 고 제사를 지냈으며, 그의 머리를 상자에 넣어서 대궐로 보냈다.

당시 일본공사 이노우에는 1894년 12월 27일 조선정부에 서한을 보
내 "비도(동학 농민군)의 처형은 신중을 기해야 하며 체포된 비도들은 정
토대(일본군)에 넘겨 처리토록 하라."고 요구했는데 전라관찰사 이도재
는 김개남의 명성에 겁을 먹고 전주에서 서울로 압송 도중 탈취 사건이
일어날 것을 우려하여 전주에서 임의대로 이토록 잔인하게 처형한 것
입니다.

임병찬은 김개남을 밀고한 대가로 1895년 정월 정부로부터 임실 군
수로 임명되었으나 이를 사양했습니다. 포상에 눈이 멀어 밀고한 것이
아니기 때문입니다. 그러자 정부에서는 대신 황헌주를 임실 군수로 임
명했습니다. 그 후 임병찬은 1905년 일제의 강압에 의해 을사조약(乙巳
條約)이 체결되자 1906년 6월 4일 최익현(崔益鉉)과 함께 현재 전북 정읍
시 칠보면에 있는 무성서원(武城書院)에서 의병을 일으켰습니다.

그 후 최익현과 함께 일본군에게 체포되어 1906년 7월 9일에는 대마
도(對馬島)에 유배되었으며, 그곳에서 최익현이 단식 항쟁으로 순절했

김개남 장군 추모비(전주 덕진공원).

고 임병찬은 이듬해 1907년 1월에 유배가 해제되어 귀국했습니다.

그는 1910년 일제의 강압에 의하여 국권이 강탈당하자 재차 의병을 일으킬 준비를 하던 중 1912년 고종으로부터 독립의군부(獨立義軍府) 전라남북도 순무대장(全羅南北道巡撫大將)으로 임명한다는 밀명을 받고 전국적인 독립의군부를 결성하여 대규모 의병 전쟁을 준비하다가 일제에 붙잡혀 거문도(巨文島)에 유배되어 1916년 음력 5월 23일 유배지에서 향년 66세의 생을 마쳤습니다.

그런 그가 불과 몇 달 전 일제와 싸웠던 김개남을 밀고하여 잔인하게 죽게 만든 것입니다. 차라리 몇 달 전 김개남 등 동학 농민군과 함께 힘을 합해 일제에 저항했더라면 하는 아쉬움이 큽니다.

앞에서 말한 것처럼 임병찬은 포상이 탐이 나서 김개남을 밀고한 게 아닌 것은 분명합니다. 그는 선비로서 최고의 가치 덕목인 충과 효를 위해 살다 간 사람입니다. 그러나 그 충성은 나라의 주인인 임금에 대한 충성이지 오늘날처럼 백성을 위한 충성은 아니었습니다.

거문도 임병찬 묘 앞에 선 필자.

당시 유림들은 왕이 아무리 잘못해도 또 그것을 바로잡고자 하여 의롭게 일어난 백성들의 항거를 모두 '난(亂)'으로 인식했던 것이지요. 따라서 몇 달 전 민씨 정권 타도를 외치면 일어선 동학 농민군 지도자 김개남을 밀고한 것은 나라의 주인(국왕과 국모)에 대항하여 일어선 역적을 타도하겠다는 그 나름대로의 충을 위한 신념 때문이었을 것입니다.

1895년 일제에 의해 명성황후가 시해되자 유림들이 충을 위해 의병을 일으킨 것도 그런 맥락에서였습니다. 이것이 당시 유림들이 지닌 의식의 한계였습니다. 지금까지도 임병찬의 임씨 집안과 김개남의 김씨 집안은 대를 이어 원수지간이 되어 안타까운 마음이 가슴을 아프게 합니다. 저승에서 만난 두 분은 과연 어떤 대화를 했을까요?

3. 손화중과 도솔암 석불 이야기

동학농민혁명의 핵심 지도자 손화중 장군(孫華仲, 1861~1895)의 이름은 정식(正植) 자는 화중(華仲, 化中) 호는 초산(楚山) 본관은 밀양으로 1861년 6월 22일 현 정읍시 과교동에서 아버지 손호열(孫浩烈)과 어머니 평강(平康) 채(蔡)씨의 아들로 태어났습니다. 그는 임진란에 전주사고(全州史庫)의 조선왕조실록을 내장산 용굴암으로 옮긴 태인 출신 한계(寒溪) 손홍록(孫弘祿)의 후예이기도 합니다.

동학 입교의 연유는 처남 유용수와 함께 경상도 청학동으로 승지(勝地)를 찾아갔다가 때마침 경상도에서 요원의 불꽃처럼 퍼져 나가고 있던 동학에 입교했습니다. 입교 이 년 만에

동학 농민군 지도자 손화중 장군.

고창 성송면 괴치 손화중 도소 터.

고향에 돌아와 포교에 전력했는데 처음에는 부안에서 포교하다가 그 후 정읍으로 옮겨 농소동에서도 잠깐 머물렀으나 다시 입암면 신면리로 옮겼습니다. 이는 당시 동학이 불법으로 지목된 탓이었습니다.

그 후 얼마 동안 정읍 음성리의 본가로 돌아왔다가 본거지를 무장현으로 옮겨 무장읍 김00의 집에 잠시 포교소(布敎所)를 두었다가, 다시 이웃 무장면 덕림리 양실 마을로 옮겨 포교 활동에 전념했습니다.

이 무렵 손화중은 선운사 도솔암 마애불상에서 선운사를 창건했다고 전해지는 검단대사(黔丹大師)의 『비결록(秘訣錄)』을 꺼냈다 해서 범상치 않은 인물로 알려져 사람들이 앞을 다투어 손화중의 동학 조직으로

들어갔다고 전합니다. 그
얘기를 간추려 보면 다음
과 같습니다.

도솔암 옆에 높이 30~
40미터 정도의 절벽이 있
는데 선운사를 창건했다
는 검단선사가 그곳에 20
여 미터 높이로 석불을 음
각해 놓았는데 "도솔암
석불 배꼽에는 앞일을 내
다볼 수 있는 비결과 함께

검단선사가 벼락 살과 함께 예언서를 넣어 놓았다는 곳
인 가슴 부위에 다른 돌로 봉한 흔적이 확연하다.

벼락 살을 묻어 놓아 함부로 거기에 손대는 사람은 벼락을 맞아 죽는
다."는 것이었지요.

세월이 흘러 1820년 전라감사로 있던 이서구(李書九)가 관할 지역을
순시하던 중 마애불의 배꼽에서 서기가 뻗치는 것을 보고 뚜껑을 열어
보니 책이 들어 있었는데 갑자기 벼락이 치는 바람에 "이서구가 열어
본다."라는 대목만 언뜻 보고 도로 넣었다는 이야기도 함께 전해져 더
욱 신비감을 더했습니다.

동학농민혁명이 일어나기 일 년 전인 1892년 어느 날 전봉준, 김개
남과 더불어 갑오농민혁명을 주도했던 손화중의 집에서는 그 비결을
꺼내 보자는 말이 나왔답니다. 당시 세간에 그것이 세상에 나오는 날
한양이 망한다는 유언비어가 돌았답니다. 백성들을 괴롭히기만 하는

인물 이야기

269

고창 선운사 도솔암 마애석불.

썩은 나라가 빨리 망하기를 바라는 민심이 만든 이야기였지요.

그래서 모두들 함부로 그 비결을 꺼내려다 벼락 맞을 것을 걱정하여 주저하자 오하영이라는 도인이 말하기를 "이서구가 열었을 때 이미 벼락을 쳤으므로 벼락 살은 없어졌다."고 했답니다. 이에 힘입어서 무장의 동학교도들은 석불의 배꼽을 깨고 비결을 꺼냈고, 이 일로 각지의 동학도 수백 명이 잡혀 들어가 문초를 받았고 결국 주모자 세 명은 사형에 처해졌습니다.

이것은 실제로 있었던 일로, 당시 미륵 비결을 꺼낸 현장에 있었던 동학교도 오지영이 쓴 『동학사』에 자세히 기록되어 전합니다. 어찌 되

손화중 장군 묘역(정읍시 과교동).

었든 간에 이 사건 이후 손화중이란 인물이 세간에 널리 알려졌지요.

그는 1894년 9월 삼례 봉기 이후 전봉준의 주력 부대와 함께 공주 전투에 참여하지 않고 일본군의 나주 상륙에 대비하여 최경선과 함께 나주에 머물러 나주성 공략에 전력을 기울였습니다. 나주 공략에 실패한 후 광주에 입성했다가 농민군을 해산시킨 후 고창군 부안면 검산리 창내 마을 이씨 재실로 피했습니다.

그곳에서 그는 전봉준, 김개남 등이 체포되었다는 말을 듣고 대세가 기울었음을 판단하여 재실지기 이봉우를 불러 "어차피 나는 잡혀갈 몸이다. 네가 나를 고발하여 후한 상을 삼아라. 그동안 네게 진 은혜를 갚겠다."라고 하여 이봉우의 고발로 12월 11일 체포되었다는 일화가 있습니다.

그 후 그는 서울로 압송되어 1895년 3월 30일 전봉준 등과 함께 최후를 마치니 그때 나이 35세였습니다. 그는 법정에서 사형 선고를 받고 "내 백성을 위해서 힘을 다했는데 사형에 처하여야 할 이유가 있는가!" 하고 큰소리로 부르짖었다고 합니다.

4. 김덕명과 최경선

전봉준의 평생 동지이며 최후까지 같이한 김덕명(1845~1895)은 금구면 수류면(현 김제군 금산면)에서 출생했습니다. 그는 공주 우금티에서 패전 후 전봉준과 원평으로 후퇴하여 11월 원평 전투에서 패하고, 27일 태인 전투를 마지막으로 전봉준 등과 헤어진 뒤 금구 장흥리 안정사 절골에 피신하여 동학농민혁명 기간 중에 언양 김씨의 양반들을 다치지 않게 배려해 주었기에 그들을 통해 구명을 요청했으나 도리어 관에 밀고당했습니다.

마침내 1895년 1월 1일 체포되어 전봉준 등과 함께 교수형에 처해지니 이때 그의 나이 51세였습니다. 그가 체포되어 압송될 당시 마을 사람이 눈물을 흘리며 그의 체포를 슬퍼했다 하니 평소 김덕명의 인품을 짐작할 수 있겠지요.

동학 농민군 영솔장 최경선은 1859년 11월 8일에 태인에서 최성룡(崔成龍)의 셋째아들로 태어났습니다. 판결문에는 이름 최영창(崔永昌),

김덕명 장군 묘역(김제 원평).

자(字)는 경선(卿宣)으로 되어 있으며, 사발통문에는 경선(景善)으로, 『전봉준 공초』(심문 기록)에는 경선(慶善)으로 되어 있습니다. 족보에 의하면 그의 부친 최성룡이 홍문관 대제학으로 제수되었다 하니, 명문 집안 출신으로 유복한 어린 시절을 보냈으리라 짐작됩니다.

최경선은 31, 32세경에 전봉준과 만나 친구로서 의기가 투합한 동지로서 생사를 같이하게 됩니다. 그는 전봉준과 함께 고부 농민 봉기의 시발점이 되는 사발통문 거사 계획 단계부터 참여했습니다. 마침내 3월 백산 봉기가 일어나자 최경선은 태인에서 농민군을 모아 백산으로 집결하여 영솔장으로 추대되었습니다.

그는 황토현 전투에서 대승을 거두고, 정읍, 흥덕, 고창, 무장, 영광, 함평, 장성을 지나 전주성을 점령하는 데 중심적 역할을 했으며, 전주 해산 후 전봉준과 동행하여 장성, 담양, 순창, 옥과, 남원, 함평, 순천, 운봉에 들러 농민군을 독려하고 태인으로 돌아왔습니다.

동학 농민군 영솔장 최경선 묘역(정읍 칠보 축현리).

　일본군의 경복궁 침입과 청일전쟁 이후 침략의 야욕이 노골화되자 척왜의 기치 아래 전라도 삼례에서 2차 봉기가 일자, 그는 전봉준보다 조금 늦게 삼례에 도착 5~6일 같이 머문 후 더 많은 동지를 규합하여 기포하고자 광주・나주 지역으로 향했습니다. 이는 광주・나주 지역에 많은 친지가 있어 기포하기가 용이했기 때문이지요.

　이후 전봉준 주력 부대가 공주 방면으로 북상했을 때 최경선도 즉시 공주로 향했다가, 일본군이 바다로 온다는 첩보가 있어 손화중과 함께 광주를 지키기 위해 남아 있었습니다.

　전봉준 부대가 공주 및 태인 등지에서 패한 후 최경선은 손화중과 함께 농민군을 모아 나주성을 포위하고 있다가 11월 27일 광주로 입성한 뒤 12월 1일 해산했습니다. 그는 12월 7일 남평을 거쳐 동북으로 내려가, 벽성에서 농민군 220명을 거느리고 12월 3일 관군과 접전을 벌인 후 체포되어 담양에 주둔한 일본군에 넘겨졌습니다.

그 후 서울로 압송되어 심문을 받고 전봉준, 손화중과 함께 1895년 3월 30일 최후를 마치니 향년 37세였습니다. 최경선이 처형된 후 그의 형인 최영대는 하인 몇을 거느리고 시신을 수습하여 산길로만 운반하여 매장한 후 집안 식구들에게조차 그 사실을 감추었다고 전합니다. 평소 최경선은 가족들에게 자신이 죽은 후 시신을 수습할 수 있도록 하기 위한 약속으로 동저고리 앞섶 안에 이름과 생년월일을 적어 놓은 천을 품고 다녔다 하니 의를 위한 그의 비장한 각오와 예기를 엿볼 수 있지요.

5. 명성황후와 홍계훈

요즘 가히 사극(史劇) 열풍이란 말이 실감납니다. 사극은 말 그대로 '역사'를 소재로 한 '드라마'입니다. 사극은 드라마이기 때문에 재미있어야 합니다. 재미없는 사극은 보지 않으니까요. 그래서 사극의 제작자들은 시청률을 높이기 위한 각종의 수단을 강구하게 됩니다. 화려한 전투 장면 등 눈요깃거리뿐만 아니라, 이루어질 수 없는 애절한 사랑 이야기, 더 나아가 선정적인 장면이나 민족적인 정서의 자극 등 갖가지 수단을 동원합니다.

그런데 문제는 시청자들이 사극을 단순히 드라마로서만 보지 않는다는 점입니다. 시청자들은 사극에서 드라마적인 재미를 추구하면서도 그것을 사실로서의 역사로 인식한다는 것이지요. 학창 시절 역사 교과를 기피하던 시청자들이 역사 드라마를 시청하면서는 자연스럽게 해당 시기의 인물이나 사회 등에 대한 나름대로의 역사 인식을 갖게 됩니다.

그러기 때문에 사극을 만드는 작가나 제작자와 역사가 사이의 충돌이 발생하기 마련이지요. 그중 사극이 비판받는 가장 큰 이유는 명백하게 '있었던 과거' 자체를 왜곡하는 경우입니다. 그리고 그것을 전달하는 수단이 공중파 방송일 때는 그 심각성이 더욱 엄청납니다.

얼마 전에 성공리에 치러졌던 「뮤지컬 명성황후」를 보면 그 사실이 자명해집니다. 제작자의 말을 빌리면 「뮤지컬 명성황후」를 기획하게 된 직접적인 계기는 한국 일본이 공동 개최한 2002년 월드컵이라고 합니다.

"'명성황후'에 대한 수많은 부정적 인식들은 일제가 명성황후를 시해하고 조선을 강점한 사실을 정당화시키기 위해서 만들어 낸 역사적 날조와 변조에 기인한 것이 대부분"이므로 "권력에 집착한 여인, 친족의 이익을 위해 국가적 이익을 희생한 여인"으로 얼룩진 명성황후의 잘못된 인식을 바로잡아야겠다는 것이 명성황후의 기획 의도라고 밝히고 있습니다.

아울러 "뮤지컬 명성황후가 젊은 층에까지 호응을 얻는 데 성공한 것은 일제강점기를 패망의 역사가 아니라 승리의 역사"로 바꾼 데 있으므로, 드라마 「명성황후」 역시 그러한 구도를 따르고 있습니다.

일제의 변조에 의해 명성황후가 "권력에 집착한 여인, 친족의 이익을 위해 국가적 이익을 희생한 여인"으로 잘못 얼룩져 있다면 이를 바로잡는 것은 후손의 당연한 의무이며, 그 원인이 기본적으로 식민사관에서 비롯되었다면 당연히 척결되어야 할 것입니다.

하지만 명성황후에 덮어씌워진 부당한 평가를 바로잡으려는 목적이

긍정될 수 있다 하더라도 그 방법은 역사적 사실에 근거해야 할 것입니다. 명성황후에 대한 무조건적인 미화를 반대하는 것을 식민사관으로 치부하는 것은 바람직하지 못합니다.

사실 대원군이 물러나고 명성황후가 집권한 1873년 이후 근 20년 동안 국가의 중요한 관직을 모두 민씨들이 장악했으며 또 민씨들이 이를 통해 나라와 백성을 파탄으로 몰고 간 것은 부인할 수 없는 사실입니다.

그리고 민씨 정권 이후 명성황후에 의한 궁중 비용의 남용과 당시 군료 관리의 책임자인 선혜청당상(宣惠廳堂上)·병조판서 민겸호(閔謙鎬) 등 민씨 척신들의 부정부패가 원인이 되어 일어난 임오군란과 민씨 척족들의 부정부패와 무사안일 등으로 인해 야기된 갑신정변 등은 이 땅을 더욱 어지럽게 만들었지요.

역사적 사건이나 인물을 평가할 때 어떠한 입장에서 바라보느냐가 매우 중요합니다. 역사를 바라보는 관점이 어떠냐에 따라 그 평가가 달라지거나 심지어는 상반되는 평가가 나옵니다. 예를 들어 보면 안중근 의사는 조선 침략의 원흉 이토 히로부미를 처단한 우국지사입니다. 그러나 이토 히로부미는 일본의 입장에서 보면 존경받는 정치 지도자이며 안중근은 그러한 인물을 암살한 테러범에 불과한 것이지요. 물론 관점 차이를 무조건 인정하자는 말은 아닙니다. 여기에서 인류 보편적인 진리인 정의와 불의 등의 올바른 평가 기준이 적용되어 평가되어야 하겠지요.

무엇보다도 명성황후와 민씨 정권은 당시 이느 세력의 지지도 받지 못했습니다. 개화 반대를 외치며 임오군란에 참가한 군중은 명성황후를 표적으로 삼았고, 갑신정변을 일으킨 개화파나 동학 농민군 모두 명성황후와 민씨 일파 타도를 외쳤습니다. 결국 어떤 세력의 지지도 받지 못한 명성황후는 외세에 의존할 수밖에 없었습니다. 동학농민혁명 때 민영준이 청나라 원세개(袁世凱)에게 원병을 청하면서 보낸 편지를 보면 다음과 같습니다.

우리나라 전라도 관할에 있는 태인, 고부 등 고을에 사는 백성들은 습성이 사납고 성질이 교활해서 평소에 다스리기 어렵다고 일컬었습니다. 근래에 동학 교비(敎匪)들이 무리 만여 명을 모아 십여 고을을 공략하고······ 임오군란, 갑신정변 두 차례 내란에도 모두 중조(中朝) 병사의 힘을 입어 평정했습니다······.

자신의 정권 유지에 급급한 나머지 청나라 군대를 끌어들여 백성을 살육하고자 했던 명성황후를 어떻게 평가해야 할까요? 결국, 명성황후의 정치는 자신의 명예와 부와 권력과 같은 세속적인 욕망을 포장한 왕권 강화와 왕실의 보존에 대한 집착이었을 뿐 조선의 당면 과제인 자주적 근대화를 지향하지 않음으로써 백성들의 바람과는 정반대의 길을 걸은 것이지요.

드라마 「명성황후」의 인기는 명성황후 OST 뮤직 비디오로 이어져 폭발적인 반응을 보였습니다. 이 뮤직 비디오의 여파로 한때 '홍계훈(정준호 분)'이란 인물이 인터넷 검색어 순위를 차지한 바가 있었답니다.

홍계훈은 조선 고종 때 무관을 지내다 임오군란 때 무예별감(武藝別監)으로서 명성황후를 등에 업고 궁궐을 빠져나가 명성황후의 목숨을 구원한 공으로 출세가도를 달려, 1882년 8월 포천 현감을 지내고 충청도 수군절도사, 충청도 병마절도사를 역임했으나 군포(軍布) 수납이 부진하여 파직되기도 했습니다.

이는 명목상으론 군포 수납이 부진한 것으로 되어 있지만 당시 수령들 사이에 만연해 있던 부정보다도 더 큰 부정을 저질러 묵과하고 넘어갈 수 없었을 지경이었음을 의미합니다.

그러나 명성황후라는 든든한 배경이 있어 그 후 고종 31년 장위영(壯衛營) 정영관(正營官)으로 복직하여 활동 중, 동학농민혁명이 일어나자 양호초토사(兩湖招討使)가 되어 동학 농민군을 진압한 공으로 1895년 훈련대(訓鍊隊) 연대장에 승진했고 유길준(兪吉濬)과 박영효(朴泳孝) 타도에 앞장섰으나, 이듬해 을미사변 때 광화문을 수비하다 일본군에게 살해되었던 인물입니다.

이러한 홍계훈에 대한 평가는 명성황후 개인의 입장으로 볼 때는 충성스러운 심복이 될지 모르나 당시 민중의 입장에서의 평가는 출세를 위해 명성황후란 실세에 줄을 댄 감각적인 정치인으로 그 목적을 위해서는 제 나라 백성마저도 학살하기를 서슴지 않았던 민씨 정권의 주구(走狗)에 불과하다는 평가 또한 벗어날 수 없으리라 생각합니다.

홍계훈은 죽은 후 대신으로 추증되었으며 충의(忠毅)란 시호(諡號)를 받았습니다. 과거 유행가 중 「안개 낀 장충단공원」이란 노래가 있습니다. 지금도 나이 드신 분들의 애창곡으로 사랑받는 노래로 요절 가수

배호가 불렀지요.

여기서 나오는 '장충(奬忠)'이란 충을 권장한다는 뜻입니다. 장충단에는 본래 제단과 사전(祀殿), 부속건물 등이 있었고, 그 앞으로 '장충단'이라고 새긴 석비가 자리하고 있었다고 합니다. 이는 을미사변 때 명성황후를 지키다가 죽은 홍계훈을 비롯한 군인들과 궁내부 대신 이경직 등의 영령을 기리기 위해 만든 것이지요.

그러나 일제는 1920년대 이 일대에 벚꽃 수천 그루를 심고 연못, 놀이터, 산책로 등 시설을 설치하고 공원을 조성해 버렸습니다. 그리고 1932년에는 장충단이 있던 근처에 조선 침략의 원흉 이토 히로부미를 기리는 박문사(博文寺)란 절을 세웠답니다. 해방 이후 박문사에는 이토 히로부미 대신 안중근 의사의 위패가 모셔져 죽은 뒤에도 두 사람은 한 장소에서 만난 셈이 되지요. 참! 역사는 아이러니하구나 하는 걸 다시 한 번 느낍니다.

6. 선택

전봉준은 태인 전투를 끝으로 남은 농민군들에게 후일을 기약하면서 해산을 명했습니다. 그 후 그는 11월 29일 정읍으로 나와 일본군의 눈을 피해 그날 밤 입암산성으로 찾아가 하루를 머물게 됩니다. 마침 입암산성을 지키는 별장(조선시대 지방의 산성, 나루, 포구 등의 수비를 맡은 종구품從九品의 무관직)인 이종록과 하룻밤을 보내고 다음 날 백양사에서 머문 후 12월 2일 순창 쌍치 피노리에 이르러 옛 친구 김경천을 찾았습니다.

김경천은 전봉준을 맞이해 주막으로 안내해 놓고 몰래 전라감영 군관을 지내다 은퇴한 한신현에게로 달려가 밀고를 했습니다. 이에 한신현은 김영철과 정창욱 등 마을 사람들을 동원하여 전봉준이 있는 주막을 포위했습니다. 낌새를 차린 전봉준은 뒷담을 넘어 도망치려다가 다리에 부상을 입고 체포되고 맙니다.

작년 겨울 전봉준 장군의 피신 경로를 따라 입암산성에 올랐습니다.

농민군을 닮은 선운사 동백꽃. 선운사 동백꽃은 4월 초경에 만개하여 말경
에 지는데 어느 꽃과는 달리 꽃잎이 하나하나 떨어지는 것이 아니라 꽃송
이 전체가 떨어져 마치 농민군의 최후를 보는 듯하다.

미끄러운 겨울산을 오르면서 때로는 전봉준이 되어 생각해 보고 이
종록이 되어 보기도 하다가 다시 김경천이 되어 생각해 보았습니다. 입
암산성 별장인 이종록은 따지고 보면 전봉준의 적이 됩니다. 반갑게 맞
이해 놓고 체포해 버리면 그만이지요. 그런데 전봉준은 그런 이종록을
찾아갔습니다. 이때의 전봉준의 마음은 어땠을까요? 혹시 친구에게
밀고할 기회를 주어 그 보상을 받게 하려고 한 것은 아니었을까요? 그
러나 서울의 동정을 살핀 후 다시 일어서려 했다는 공초의 진술을 보면
그건 아닌 것 같습니다.

그렇다면 친구에 대한 '믿음'이었을까요? 아마 그것밖에 달리 해석
할 길이 없지요. 친구를 믿는 전봉준의 인간미를 느낄 수 있는 대목이
기도 하지요. 저는 여기서 수많은 군사를 호령했던 영웅 전봉준보다는
평범한 인간으로 돌아가 우리 곁에 선 전봉준을 떠올려 봅니다.

과연 친구는 날 받아 줄 것인가? 받아 주더라도 훗날 그 일로 인해

친구가 피해를 입지나 않을까? 그러면서도 관군과 일본군에게 쫓기는 신세로서 하룻밤 몸을 맡길 곳을 찾아 눈보라 치는 추운 겨울날 입암산성을 향해 한 발 한 발 내디딜 수밖에 없었던 전봉준 장군의 고뇌를……

아마 그날 밤 이종록과 함께 많은 이야기를 나눴을 것입니다.

'친구여! 자네 입장도 난처할 터인데 날 받아 주어서 고맙네.'

'아닐세 친구여! 내 자네 뜻이 옳고 바르다는 것을 아네. 그런 자네에게 힘이 되어 주지 못하는 내가 부끄럽고 원망스럽네. 자네는 내 친구이기 이전에 조선 민중들의 희망이요, 등불이라네.'

이종록은 전봉준을 체포해야 할 책임이 있는 공직자입니다. 실제로 그는 전봉준을 신고하지 않고 숨겨 줬다는 이유로 훗날 전라병사에게 체포됩니다. 전봉준이 수하들과 불쑥 찾아들었을 때 이종록 역시 갈등이 있었지 않았을까요?

'체포를 하면 고을 수령 자리와 많은 포상이 주어질 텐데.'

'인근 입암면 천원역(川原驛)에 있는 일본군에게 밀고를 해 버려?'

'아니야! 친구라고 믿고 어려울 때 나를 찾아온 친구를 위해 내가 어떤 불이익을 당할지라도 의리를 지켜야지.'

여러 생각을 했겠지만 결국 그는 친구와의 '의리'를 선택했지요.

하지만 김경천은 달랐습니다. 김경천은 본래 고부군 덕천면 달천리(현재 정읍시 덕천면 달천리) 출생으로 전봉준의 부하로 있다가 농민군이 크게 패하자 피노리로 피신해 있었습니다. 당시 조정에서는 전봉준을 잡아 바치는 자는 후한 상금은 물론 원하는 지역의 군수 자리를 주겠다

고 공포한 터라 욕심에 눈먼 김경천은 전봉준을 맞이해 안심시켜 놓고
는 그만 밀고를 해 버린 것입니다.

전북 순창군 쌍치면 피노리는 북서쪽 국사봉(655미터)을 중심으로 한
첩첩산중 꼭대기에 움푹 들어선 분지 모양으로 자리 잡고 있습니다. 피
노리(避老里)라는 지명은 조선시대 당쟁에서 밀린 소론들이 노론들을
피해 이곳에 정착했다 하여 유래되었다고 합니다.

마을 주민 박환성 씨는 자신이 어렸을 때 서당 훈장님과 마을 어른
들께 전해 들은 이야기라며 전봉준 장군의 체포 당시 상황을 이렇게 전
합니다.

> 관군이 주막을 에워싸니까 월동용으로 쌓아 놓은 장작더미 위에 올라 버텼
> 답니다. 관군은 장작더미에다 불을 질렀고, 펄쩍 뛰어 담을 타넘는데 일본도
> 에 회목(아킬레스건)을 맞아 주저앉았고요. 그날 밤새 하도 많이 두들겨 패서
> 하루면 갈 길을 이틀 걸려 순창군청으로 끌고 갔다고 들었어요.

결국 고종 31년(1894년 12월 2일, 양력 12월 28일)에 이렇게 전봉준은 믿
었던 동지의 배신으로 붙잡히고 말았습니다. 체포된 전봉준은 관군에
넘겨져 순창을 거쳐 담양에서 2박 3일 동안 동헌(東軒)에서 심문을 받고
일본군에 인계되어 나주와 전주를 거쳐 12월 18일 서울에 압송되었습
니다.

전해 오는 말로는 전봉준 장군이 일찍이 점을 쳐 본즉 "장래 백만 대
중의 우두머리가 되어 천하에 이름을 떨치게 될 것이나 경천(京川)을 조

심하라."는 점괘가 나왔다고 합니다. 그런데 공주 우금치 패전 이후 남하할 때 충청도에 경천(京川)이란 시냇가가 있어 이곳을 넘으며 안심했는데, 그것이 사람 김경천을 말하는 것인지를 몰랐다 합니다.

전봉준을 체포한 그들은 푸짐한 보상을 받았는데 한신현은 전주 군수에 제수되고 상금 1,000냥, 정창욱은 200냥, 마을 사람 9명에게는 100냥, 그리고 200냥은 피노리 빈민들에게 나눠 주었다고 합니다. 그러나 밀고한 김경천은 군수 자리는커녕 서당을 전전하는 등 이리 저리 떠돌다가 결국은 정읍시 이평면에서 굶어 죽었다고 전합니다.

우리는 시저를 배신한 부르투스나 예수님을 배신한 가롯 유다 또는 친일파로 유명한 이완용 등 역사 속에서의 변절자들을 욕합니다. 김경천 또한 그런 부류의 사람이었지요.

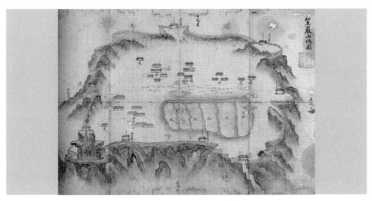

한국정신문화연구원 장서각이 소장하고 있는 58.2×78.8센티미터 크기의 「입암산성도」는 1750년경에 그려진 것으로 추정되는 채색화입니다.
ⓒ 장서각

이종록의 손녀딸 이철규

현재 이종록(이춘선)의 손녀 이철규(李喆奎, 실 나이 93세)가 전북 정읍시 입암면 천원리에 생존해 있습니다. 부친 이름은 이경칠, 모친은 임영칠로 그녀는 1923년에 유복녀로 태어났습니다.

조부 이춘선은 1845년 정읍현 서일면 동촌에서 출생하였습니다. 자는 종록(鍾祿)으로 1888년 고종 25년 4월 무과에 급제하였으며 1889년 11월 25일자로 선략장군 입암산성 별장에 임명되었습니다.

동학농민혁명 당시 이종록은 입암산성 별장으로 있었는데, 전봉준 장군이 태인 전투에서 패하고 농민군을 해산한 후 관군과 일본군에게 쫓겨 1894년 11월 29일에 몇몇 동지들과 함께 입암산성으로 찾아들었을 때 이들을 산성에 머물도록 하였습니다.

이때 전봉준이 입암산성에 잠입했다는 소문을 들은 관군 선봉장 이규태는 군사를 보내 입암산성을 수색토록 하였습니다. 그러나 이들이 접한 소식은 전봉준 일행이 어젯밤 이종록과 함께 하룻밤을 지낸 후 백양사 쪽으로 떠났는데 비무장 상태라는 것이었습니다. 관군들이 다시 백양사 쪽으로 추격하자 이종록은 백양사 청류암에 머물고 있던 전봉준 일행에게 관군의 추격 사실을 자신의 아들 이경칠을 보내 긴급히 알렸습니다. 기별을 받은 전봉준 일행은 관군이 당도하기 직전인 12월 1일 오시(午時)가 되기 전에 순창 방면으로 길을 떠났습니다. 이때 길안내는 이경칠이 맡았다 합니다.

전봉준을 눈앞에서 놓친 선봉장 이규태는 일본군 중대장 명의의 공문을 전라병사에게 보내어 입암산성 별장 이종록을 불고지죄로 체포령을 내렸습니다. 이른바 별장 직책을 맡은 자가 적을 체포하지 않았을 뿐 아니라 통보도 안 했으며 오히려 전봉준과 기밀을 내통하였다는 혐의였습니다. 이에 전라병사는 별장 이종록을 체포하여 일본군에 넘겼습니다. 그의 아들 이경칠 또한 잡혀가 죽도록 매를 맞았다고 합니다. 그 후 이종록은 1896년 10월 11일 산성으로 잠입한 일본군의 총탄에 피살되었습니다. 다음은 이철규 할머니와의 인터뷰 내용입니다(2013. 10. 3).

문) 손녀 이철규 씨는 조부의 동학농민혁명 참가 사실을 언제 어떻게 해서 아셨는지요? 그리고 그 내용은 어떤 것이었습니까?

답) 해방되던 해에 어머님께 들었습니다. 동학농민혁명 당시 조부께서는 입암산성 별장으로 계셨는데, 전봉준 장군이 태인전투에서 패하고 농민군을 해산한 후 관군과 일본군에게 쫓겨 1894년 11월 29일에 몇몇 수종자들과 함께 입암산성으로 찾아들었을 때 조부께서는 이들을 산성에 머물도록 하셨다고 합니다. 이로 인해서 조부님은 일본군의 총탄에 맞아 돌아가셨다고 하셨습니다.

할머니는 평양간호학교와 산파학교를 수료한 후 입암 천원으로 귀향하여 간호사 활동을 했습니다. 이때 일본 선생이 좋게 봐서 일본에 가서 공부를 더 하자며 권유했으나 어머니로부터 조부 이종록의 사망 관련 얘기를 듣고 일본에 대한 적개심과 어머니를 홀로 두는 문제 등으로 인해 도일을 포기하였다고 합니다.

가족 애기를 묻자 모친과 오빠 애기를 했습니다. 오빠 이형택은 일제강점기 입암면 구장이었던 주 모 씨가 모친에 반말을 하는 등 함부로 대하자 이를 보고 분노한 그가 대들자, 주 모 씨는 일본 경찰을 시켜서 구타하며 체포하여 군산형무소에 수감시켰다 합니다. 이에 할머니가 정읍경찰서장을 면담하여 하소연하는 등 우여곡절 끝에 혐의가 풀려 출감했으나 고문 후유증으로 곧 사망하였습니다. 어머니는 인공 때 촉진대가 총살하였는데 오빠를 죽인 주 모 씨와 인척 관계인 또 다른 주 모 씨가 주범이었습니다. 주씨 집안과의 모질고 독한 악연이 이어진 셈입니다.

한국전쟁 직후 이 모 씨가 할머니를 산사람(빨치산을 말함. 6·25전쟁 전후에 지리산 부근을 근거지로 활동했던 공비를 일컫는다)들과 내통했다고 신고하여 할머니는 경찰서에 끌려가 심문을 당하는데 이때 경찰이 왼손과 오른손을 번갈아 내밀며 좌가 좋냐 우가 좋냐 물었다고 합니다. 그 후 산사람 중에 자수하여 내려온 사람이 있는데 할머니를 모른다 증언하였고 마침내 신고한 이 모 씨와 대질한바 네가 죄를 면하려거든 다른 내통자를 고발하라 해서 할머니를 고발했노라고 고백하였다고 합니다. 결혼도 안 한 몸으로 매년 조부 제사는 10월 10일, 부친 제사는 모친과 함께 5월 17일 지내고 있는 이철규 할머니! 동학농민혁명, 일제강점기와 해방 정국에서 그의 집안이 겪어야만 했던 모진 역사가 바로 우리 현대사이며 우리들의 슬픈 자화상인 것입니다.

아흔셋인 이철규 할머니의 증언은 그가 태어나기 전의 일은 전해 들

은 것이고, 살면서 경험한 일도 세월이 오래되어 앞뒤 기억이 뒤섞이
기도 합니다. 그렇지만 그가 들려주는 아버지, 어머니, 집안 식구들의
모진 생활은 그들이 살았던 아픈 역사와 함께 구구절절 눈시울을 적시
게 만듭니다.

동학농민혁명의
역사적 평가

개혁의 자주적 주체로 등장한 조선 민중은 동학농민혁명을 통해 역사의 주체로
우뚝 섰고 당시 조국과 민족 앞에 놓인 역사적 과제를 제대로 인식하고
그 위기를 '민중'의 힘으로 극복하고자 했습니다.
이는 친일 개화 정권이 지닌 외세 의존적 개혁의 한계를 뛰어넘은
스스로의 힘으로 이뤄 내고자 한 민족 자주적 개혁이었던 것입니다.

1. 갑오년 이후 잔여 농민군의 활동

일본은 조선을 집어삼키는 데 있어서 최후의 장애물로 동학 농민 군을 지목하고 남도 끝까지 추격하여 철저히 궤멸시키려 했습 니다. 이로써 전봉준과 동학 농민군이 견지했던 반봉건, 반외세를 실 현하여 조선을 자주적 근대 국가로 발전시키려는 노력은 일단 좌절되 고 맙니다.

그 후 조선의 민중들이 동학농민혁명의 뜻을 어떻게 계승시켜 나가 는가를 살펴보기로 합시다. 동학농민혁명 이후 동학교단의 상층부는 최시형, 손병희를 중심으로 조직 재건에 총력을 기울였고, 간신히 살 아남은 농민군의 일부는 동학농민혁명의 이념을 계승하면서 영학계 (英學契)와 같은 활동을 전개했습니다.

동학의 북접 지도자 최시형은 피신 생활을 하면서 동학 조직을 재 정비하기 위해 1896년 1월에 손병희, 손천민, 김연국 등을 중심으로 상층 지도 체계를 형성하였으며 농민혁명에 참여한 김학종(장수) 등이 다시 최시형 산하로 들어오면서 상·하부 조직 체계가 일정하게 정비되었습니다.

그러나 지금까지 동학교도의 주요 세력 기반이 되었던 전라도, 호서보다는 동학농민혁명의 여파가 적었던 북부 지역, 특히 평안도 일대에서 교세가 확장되었습니다. 최시형은 교단 조직의 재건으로 또다시 관(官)의 탄압이 초래될까를 우려하여 1896년 8월에 호남의 동학교도인 손병규, 홍계관, 최익서(당시 고부 이평 출신으로 영학당 활동에 참여) 등이 포(包)의 설치를 요청하자 "세상을 어지럽히기 쉬운 일", "지금부터 경작을 업으로 삼고 천명(天命)을 기다리라."고 지시하면서 동학교단의 보전을 위해 정치·사회적 활동을 자제했습니다. 1897년 12월 24일, 최시형은 도통(道統)을 손병희에게 물려주고 1898년 4월 4일 체포, 처형되었습니다.

한편 동학 하층 교도들은 1896년부터 동학교단의 조직이 재정비되어 가면서, 동학농민혁명 당시 집강을 역임한 김형운 등이 교단 산하에 재편성되었고 백산 봉기에 참여한 김학종(일명 김숙녀) 등도 북접 교단에 예속되었습니다.

남접 계열은 자신의 사상적, 조직적 중심을 상실한 상태여서 김봉득(금구), 김봉년(김제) 등 김덕명 포에 속하면서 1차 봉기에 참여한 주요 인물들도 북접 교단에 편성되었습니다.

황해도는 1984년 11월에 봉기가 시작되어 해주를 점령하는 등 뒤늦게 기세를 올렸으며 농민혁명이 끝난 뒤에도 교단 조직과는 별도로 독자적인 움직임이 강했습니다. 이들은 1900년에 해주, 재령, 신천 등지에서 재봉기를 조직하는 등 사회 변혁 운동에 더욱 관심을 가지고 움직이는 세력이었습니다.

이들 가운데 특히 김창수(김구 선생), 백낙희, 김형진 등이 주목을 받았는데 김창수는 팔봉 접주로서 척왜양의 기치를 내걸고 동학 농민군을 거느리고 구월산에서 군사 훈련을 하던 중 같은 동학 농민군인 이동엽의 군대와 충돌해 패하고 나서 해산했습니다. 김창수는 그 후 안태운(안중근 의사 아버지)에게 의탁하며 봉기에 참여할 기회만을 노리다가 1895년 김이언 의병의 국내 진격 작전, 백낙희가 주도한 산포 봉기에 참여하여 한때 해주 읍을 점령하기도 했습니다.

남접 계열은 조직 재건의 구심이 없어 생업에 종사하면서 봉기에 참여할 기회만을 노리다가 1896년 나주 농민 항쟁과 같은 농민 항쟁에 참여하는 등으로 동학농민혁명의 뜻을 이어가면서 조직 재건을 꾀했습니다.

또 김여중(金汝中, 부안)과 같이 북접 교단과 연계를 가지면서 일면 교단의 뜻을 좇아 하부 조직 재건에 주력하고, 일면 영학계의 최익서 등의 봉사 계획에 뜻을 같이하기도 했습니다.

영학계는 당시 말목 장터(현재 정읍시 이평면)를 중심으로 영국인 선교사가 선교 활동을 했는데 이곳에서는 지역민들뿐만 아니라 인근 정읍, 고창, 무장, 영광, 함평, 장성, 흥덕 등지의 동학교인들이 많이 모여들었습니다. 1894년 음력 4월 18일 최익서(崔益西)와 함께 그의 부친 최영두(崔永斗)의 영도 아래 벌왜벌양(伐倭伐洋)과 보국안민을 내걸고 정읍시 입암면 왕심리(井邑市 笠巖面 旺尋里)에서 일어나니 그것을 기해 정읍 농민 봉기(己亥井邑農民蜂起)라고 합니다.

4월 18일 밤 최영두는 아들 익서와 고장의 박정집(朴正執) 등 32명을 거느리고 고부 관아를 점령하고 무기를 탈취한 후 정읍시 입암면 왕심리에 미리 집결해 있던 농민 300여 명에게 무장을 시킨 뒤 홍덕, 무장(茂長)을 거쳐 4월 22일 밤 고창으로 진격하여 접전을 벌였지만 참패하고 말았습니다.

동학의 명분을 가지면서 사회 변혁 운동을 전개하려는 사람들로는 서정만, 정해룡 등으로 그들은 반외세 운동의 조직을 정비하고 속리산에서 대규모 집회를 개최하는 등 봉기 계획을 수립하다가 체포되었습니다.

이관동(李關東), 김준홍(金準弘), 고문선(高文詵) 등은 1900년 4월 8일을 기하여 전주에서 외국인 배척 운동을 계획했고, 백산 봉기 때의 장령이었던 고부 홍경삼 등이 뜻을 모아 동학농민혁명의 정신을 이어 갔습니다.

이렇듯 동학농민혁명 이후 농민군의 잔존 세력들은 시기와 조건에 따라 형태를 바꾸면서 지속적으로 투쟁을 해 왔습니다. 이들은 영학계, 활빈당(活貧黨), 동비(東匪), 화적(火賊), 서학당(西學黨) 등의 이름으로 활동했습니다.

그러나 이들이 을미의병의 주도 세력은 아니었으리라 봅니다. 을미의병이 일어나기 전까지 동학 농민군의 잔여 세력은 일본군과 관군의 색출 작전에 몸을 보신하기가 어려웠기 때문입니다. 그러면서도 이들은 동학농민혁명 당시 적대적 계급이었던 양반 주도의 의병전쟁에 투신한 것은 양반의병이 척왜양을 내세웠고, 잠정적으로 몸을 의탁하기에 의병진이 적절했기 때문입니다.

농민군의 잔여 세력과 활빈당의 관계는 앞의 마중군의 예문을 통해 알 수 있습니다. 1900년 이후 왕성하게 활동한 활빈당은 부자의 재산을 빼앗아 가난한 자에게 나누어 주면서 이렇게 선전했습니다.

"우리들은 여러분에게 '자연평등'의 이득을 주고 '사회 빈부의 격차'를 타파하여…… 지금 여러분께 드리는 전곡은 바로 여러분에게 활빈(活貧)의 실질을 보이는 것입니다."

동학과 김구 선생

흔히 말하기를 동학농민혁명 정신은 일제의 침략에 맞서 싸운 의병항쟁과 3·1운동, 독립운동, 그리고 통일로 이어지는 민족 저항 정신의 밑거름이 되었다고 합니다. 그래서 그 가치를 더욱 높이 평가하고 있습니다. 그러한 사실을 증명해 주는 상징적인 인물이 독립운동가이자 민족의 지도자로 존경받는 김구입니다.

1876년 황해도 해주에서 태어난 김구는 18세 되던 해인 계사년(1893)에 해주에서 오응선을 찾아가 동학에 입도하였습니다. 그리고 황해도, 평안도의 동학교도들 중 나이 어린 자로 가장 많은 교도를 거느리고 있었기에 아기접주란 별명을 얻게 되었습니다.

마침내 갑오년(1894) 9월 황해도 일대 탐관오리들과 양반들의 횡포에 맞서 포동 부근 시장인 죽천장에서 봉기하였습니다. 팔봉산에 산다 하여 팔봉접이란 이름을 사용하였는데 이때 포수 출신 700여 명이 참여하여 막강한 무력을 가지게 되었습니다.

황해도 일대 동학접주회의에서 해주성 점령을 목표로 세우고 김구를 선봉장으로 임명하였습니다. 이에 김구는 선두에서 말을 타고 해주성으로 진격하였으나 뜻을 이루지 못하고 퇴각하여 구월산 패엽사란 절에 군대를 주둔시켰습니다. 그런데 인근에서 동학을 빙자하여 노략질을 일삼는 이동엽 부대의 기습을 받아 그만 체포되고 말았습니다. 이후 풀려난 그는 안태훈 진사의 집에 피신하게 됩니다. 여기서 안태훈 진사의 아들인 안중근 의사를 알게 됩니다.

동학 농민군이 진압되고 일본의 침략이 노골화되기 시작하자 김구는 중국으로 건너가 의병에 참가하고 국내로 돌아왔습니다. 1895년에는 남만주로 건너가 김이언 의병부대에 참여하여 일본군을 공격했으나 참패하였습니다. 을미사변이 일어나 명성황후(明成皇后)가 살해되자 충격을 받고 1896년 2월 귀국하여 고향으로 돌아오는 길에 용강군에서 안악군 치하포로 배를 타고 건너게 되었는데 여기서 김구는 수상한 사람을 발견하였습니다. 그 사람은 한복을 입고 우리말을 했지만 말투가 어색했고 흰 두루마기 밑으로 칼집이 드러나 수상히 여기게 되었습니다. 나중에 안 사실이지만 그 자는 일본군 중위로 우리나라를 염탐해 오던 쓰치다라는 자였습니다. 김구는 쓰치다를 맨주먹으로 때려 죽였습니다. 그리고는 '국모의 원수를 갚기 위해 내가 이놈을 죽였노라. 해주 텃골 김창수' 이렇게 쓴 후 길거리 벽에 붙이고는 유유히 그곳을 떠났습니다.

그로부터 석 달이 지난 1896년 5월, 김구는 체포되어 인천 감옥으로 잡혀가 모진 고문을 당하며 조사를 받고 결국 사형 판결이 내려졌습니다. 마침내 사형 날이 되었습니다. 저녁 때가 되자, 드디어 옥문이 열리고 김구를 부르는 소리가 들렸습니다. 그러나 다행스럽게도 고종 임금의 특별한 명령으로 사형이 중지되었다는 소식이 전해졌습니다.

구사일생으로 살아난 김구는 마침내 1898년 감옥에서 탈출하였습니다. 이후 일제에 나라를 빼앗기게 되자 1910년 신민회에 가담하여 독립운동을 전개하다 105인 사건으로 1911년 감옥 생활을 한 후 1919년 3·1운동 후 중국 상하이로 망명하여 대한민국임시정부 조직에 참여하는 한편 한인 애국단을 조직하여 이봉창, 윤봉길 등을 지휘하여 의거활동을 전개하였습니다.

마침내 1944년 대한민국임시정부 주석에 선임되어 독립운동을 전개해 오다 광복을 맞이하여 귀국하게 되었습니다. 새나라 건설에 힘쓰다가 1948년 국제연합이 남한만의 단독 총선거를 실시한다는 내용을 결정하자, 이에 김구는 남한만의 선거로 단독 정부가 수립되면 남북의 분단이 계속될 것을 우려하여 남북한이 협상을 통해 통일 정부를 수립할 것을 주장하였습니다. 1949년 6월 26일 경교장에서 육군 포병 소위 안두희에게 암살당하였습니다.

2. 동학농민혁명의 역사적 의의

우리가 그동안 살펴본 동학농민혁명은 수십만의 희생자를 낸 채 비록 좌절되었지만 조선 후기 농민 항쟁을 통해 성장한 농민 대중이 스스로 나라의 진정한 주인임을 자각하여 낡은 봉건적 사회 질서를 타파하고 자본주의 열강의 침략을 물리치기 위해 반봉건·반외세의 기치를 높이 든 우리 역사상 최대 규모의 민중 항쟁이었습니다.

따라서 동학농민혁명은 한국 근현대사에 대단히 큰 영향을 미쳤고, 다음과 같은 매우 중요한 의미가 있습니다.

첫째, 동학농민혁명은 우리나라의 자주 근대화를 가로막고 있던 구체제를 붕괴시키는 데 결정적으로 기여했습니다. 동학농민혁명은 유사 이래 수천 년 묵어 온 반상 차별을 중심으로 한 사회 신분제도를 폐지하여 인간평등의 새 세상을 여는 데 결정적 역할을 했고, 그의 실천을 집강소라는 자치 기구를 통해 현실화시켰습니다.

결국 1894년 갑오개혁을 통한 사회신분제의 폐지는 양인 천민의 하

갑오년 이름 없이 스러져 간 무명 농민군들, 그들이 못다 이룬 미완의 혁명을 이어 완성할 자는 누구인가?

위 신분층의 농민들이 동학농민혁명을 통하여 줄기차게 외쳤던 주장으로서 그 후에 갑오개혁을 추진하려는 정부에서 이를 받아서 법령으로 확정 지은 것이었습니다.

둘째, 1894년 5월부터 11월까지 약 7개월간 전라도 지역을 중심으로 한 집강소 통치는 비록 한시적이긴 하지만 우리 역사에서 처음으로 민중들의 뜻에 따라 그들이 원하는 새로운 제도와 새로운 질서를 만들어 낸 귀중한 경험이었으며 민중에 의한 근대 개혁의 지방 통치 모형을 제시한 것으로서 오늘날 민주주의 발전의 기초가 되었습니다.

셋째, 우리 근현대사에서 가장 중요한 과제는 백성이 주인이 되는 민주화와 외세의 침략으로부터 나라를 수호하여 자주 독립 국가를 만드는 일이었습니다. 특히 외세의 침략으로부터 이 땅을 지키기 위한 투쟁은 민족자존의 문제와 직결됩니다. 동학 농민군은 이러한 민족자존을 위해 일제의 침략에 맞서 일어섬으로써 근대 민족운동의 효시가 되었으며 반봉건의 민주화와 반외세의 자주독립이라는 올바른 역사 발전의 방향을 제시했던 것입니다.

넷째, 동학농민혁명에 참가했던 동학 농민군들이 1895년 을미사변을 계기로 일어난 의병의 대열로 합류하여 일본 제국주의의 침략에 대한 의병 항쟁의 뿌리가 되었을 뿐만 아니라, 이후 3·1운동과 독립군 활동으로 이어졌고 그 정신은 우리의 현대사 속에서도 1960년대 4·19혁명, 1970년대 유신 철폐 항쟁, 1980년 광주민중항쟁, 1987년 6월 민주화 항쟁과 1990년 이후 민족 자주 통일운동의 원동력이 되는 등 조국의 민주화와 자주독립 정신의 진원지가 되었습니다.

다섯째, 동학농민혁명은 서구 열강의 침략에 대한 아시아 민중의 반제국주의 투쟁의 선구적 역할을 함으로써 세계사적 의의가 높아 중국의 태평천국혁명, 인도의 세포이 투쟁과 함께 제국주의 세력에 대항한 19세기 아시아의 3대 농민 전쟁 중 하나라는 평가를 얻고 있습니다.

역사를 바로 보는 눈

지금까지 살펴본 조선 후기 격동의 시대를 지내며 우리 할아버지, 할머니들이 겪었던 가슴 아픈 역사적 경험을 살펴보았습니다. 우리가 지나간 역사를 배우려는 까닭은 과거의 사실을 기억하고자 하는 것도 있지만 그보다는 과거 역사를 통하여 그 속에서 반성과 교훈을 찾아 현실의 모순과 과제를 올바로 인식하고, 해결함으로써 바람직한 미래를 건설하고자 하는 데 있습니다.

전북 정읍시 고부면 신중리 죽산 마을에 있는 무명농민군위령탑.

그러나 문제는 하나의 동일한 역사적 사건이나 현실에 대해서 사람들이 현재 자신이 처한 위치나 상황에 따라 서로 달리 보고 해석한다는 점입니다. 물론 그것은 그 사람이 현실에서 차지하는 이익과 이해관계가 다르기 때문이지요.

이렇듯 동일한 역사 사건을 놓고도 생각의 차이에 따라 서로 다르게 평가하므로 '역사를 바로 보는 눈'이 필요합니다. 그래서 옛 성현들은 역사를 바로 보기 위해서는 자신의 눈앞에 놓인 이익보다는 옳고 그름으로 판단할 것을 강조했습니다.

역사는 제자리에 고정되어 있는 것이 아니고 끊임없이 살아 있는 생명체처럼 변화 발전합니다. 현재와 과거가 다른 까닭은 그 사이에 이런 변화와 발전이 있었기 때문입니다. 오늘을 살아가는 우리는 과거의 역사를 바라보는 객체인 동시에 현재의 역사를 새롭게 써 나가는 역사의

전봉준 단소(정읍시 이평면 조소리).

주체가 되기도 합니다. 그러나 자신의 이익을 위해 역사의 변화 발전을 가로막은 세력은 역사의 주체가 될 수 없습니다. 동학농민혁명이 발발했던 당시 조선의 지배 계급이나 일제 식민 통치 아래 친일파들은 자신의 이익과 이해관계를 계속 지속시키기 위해 조국과 민중의 입장과는 다른 길을 택했습니다. 예나 지금이나 지배 계급은 역사의 변화나 발전을 원치 않습니다. 현재 그들이 누리고 있는 기득권이 흔들릴 우려가 있기 때문이지요. 그래서 그들은 역사 발전의 주체가 될 수 없는 것입니다.

역사 발전의 진정한 주체는?

그렇다면 진정한 역사 발전의 주체는 누구일까요? 자신의 이익과는 무관하게 때로는 손해를 보면서도 옳음〔義〕 하나로 역사를 변화 발전

동학농민혁명 백 주년 기념탑(정읍 내장산).

시키려고 실천하는 사람이 바로 역사의 주체입니다. 동학 농민군의 지도자였던 전봉준과 함께 희생한 수많은 동학 농민군도 제 자신 한 몸의 이익보다는 민중의 이익을 먼저 생각했기 때문에 스스로가 역사 발전의 주체로 우뚝 서게 된 것입니다.

시대를 초월해서 올바른 역사 발전의 주체가 되는 것은 '민중' 입니다. 민중은 흔히 말하기를 피지배계급으로서의 일반 대중을 가리킵니다. 조선 후기 민중은 전체 백성의 절대 다수를 차지하는 농민을 의미했지만 오늘날은 자본 등 생산수단을 소유하지 못한 대부분의 농민, 노동자 같은 광범위한 층을 의미합니다.

지배계급도 때론 스스로를 역사 발전의 주체라 생각하고 개혁을 주도하기도 합니다. 그러나 민중에 의한 개혁과는 본질적인 차이가 있습니다.

예를 하나 들어 비교해 보도록 하지요. 1894년 역사의 전환기에 놓인 조선에서는 두 개의 개혁이 서로 다른 방향에서 추진되고 있었습니다. 하나는 일제가 조종하는 친일파 정권의 개혁이었고 다른 하나는 동학 농민군의 개혁이었습니다.

1894년 6월 21일 새벽 일본은 경복궁을 습격하여 민씨 정권을 몰아내고 김홍집, 김윤식, 김가진, 유길준 등을 앞세워 새로운 친일 정권을 수립했습니다. 이들 친일 세력들은 민중을 중심으로 한 제2차 동학농민혁명을 예방하기 위해서는 개혁이 필요하다는 생각을 가지고 있었기에 '홍범 14조'를 선포하고 사회정치적 개혁을 추진했는데 이것이 이른바 '갑오개혁'입니다.

그러나 개혁을 뒷받침해야 할 민중을 소외시키고 일본에만 의지하려 한 김홍집 친일 정권은 결국 개혁의 주체가 될 수 없는 태생적 한계를 드러내었으며, 그것을 꿰뚫어 본 민중의 철저한 외면 속에 일본의 조선 침략을 용이하게 해주는 도구로 전락해 버려 오히려 올바른 역사 발전을 가로막는 결과를 초래하고 말았습니다.

그런데 이와 달리 개혁의 자주적 주체로 등장한 조선 민중은 동학농민혁명을 통해 역사의 주체로 우뚝 섰고 당시 조국과 민족 앞에 놓인 역사적 과제를 제대로 인식하고 그 위기를 '민중'의 힘으로 극복하고자 했습니다. 이는 친일 개화 정권이 지닌 외세 의존적 개혁의 한계를 뛰어넘은 스스로의 힘으로 이뤄 내고자 한 민족 자주적 개혁이었던 것입니다.

동학농민혁명과 태평천국혁명의 공통점

1894년 동학농민혁명은 중국 태평천국혁명(1850), 인도 세포이 항쟁 (1857)과 더불어 19세기 아시아의 3대 혁명으로 일컬어지고 있습니다. 그중 동학농민혁명과 태평천국혁명은 봉건 체제와 외세의 침략에 저항 해서 일어난 농민혁명으로 유사점이 많아 비교연구 대상이 되기도 합 니다.

태평천국혁명은 청 말기 아편 전쟁의 패배로 인한 청의 위신이 크게 추 락한데다, 막대한 배상금마저 농민들에게 강제로 부과시켜 농민들의 경 제적 어려움이 더해지자 홍수전이 농민들을 이끌고 일어난 농민혁명이었 습니다.

이들 태평천국군은 청나라를 무너뜨리고, 크리스트교와 유교 사상을 융합한 이상 국가 건설을 목표로 하여 일어섰으며, 토지의 균등 분배와 남 녀 평등 등의 개혁 정책을 제시해 농민들의 호응을 받았습니다.

이들은 한때 난징을 점령하고, 화북 지방까지 나아갔으나 증국번, 이홍 장 등이 조직한 향용(지방 의용군)과 영국군의 반격, 그리고 홍수전이 죽 은 이후의 내부 분열로 실패하고 말았습니다. 태평천국혁명은 중국 역사 상 최대 규모의 농민혁명으로 반봉건, 반제국주의적 민족 운동으로 그 의 의가 높습니다. 이렇듯 시기와 지역의 차이에도 불구하고 동학농민혁명 과 태평천국혁명은 비슷한 성격과 공통점이 있습니다.

첫째, 한중 양국의 역사 속에서 규모가 가장 큰 농민혁명이었습니다.

둘째, 동학농민혁명과 태평천국혁명 모두 농민이 역사의 주체로서 역사의 전면에 나서 사회의 모순을 극복하고자 한 아래로부터의 혁명이었습니다.

셋째, 동학농민혁명과 태평천국혁명의 사회 개혁안은 반봉건·근대 지향적이었습니다. 두 나라의 혁명 모두 봉건제의 질서인 신분제 폐지를 주장하며 평등 사회를 만들고자 기존 체제에 저항하고 반봉건적 개혁을 통해 근대를 지향하고자 했습니다.

넷째, 동학농민혁명은 일본과 청나라의 내정 간섭에 제대로 대응 못 하는 정부를 비판했으며, 태평천국혁명 역시 서구와 맺은 불평등 조약을 비판하며 일어선 자주적 성격을 띠고 있습니다.

다섯째. 두 나라의 혁명은 모두 신생 종교에 뿌리를 두고 있다는 점입니다. 태평천국혁명은 크리스트교를 바탕으로 만들어진 조직 상제회에 기반을 두고 있으며 동학농민전쟁은 유·불·선을 중심으로 탄생한 동학의 조직에 기반하여 진행되었습니다.

여섯째, 두 농민혁명은 외세의 간섭과 군사 행동에 의해 진압되었습니다. 동학농민혁명은 일본 군대의 공격을 받았으며 태평천국 운동은 외국의 용병이 개입했던 것입니다.

일곱째, 역사적 평가에 있어서 한때 두 혁명 모두 세상을 어지럽힌 '난' 이란 오명에서 '혁명' 으로 재평가되고 있다는 점입니다.

끝으로 두 혁명 모두 양국 근현대사에 지대한 영향을 끼쳤습니다. 동학농민혁명은 일제의 침략에 맞서 항일 의병 항쟁을 비롯한 향후 민족 저항사의 원동력이 되었으며, 태평천국혁명 또한 1912년에 일어난 신해혁명에 많은 영향을 주어 중국 민족이 주권을 되찾고 공화제를 수립하는 계기를 제공했던 것입니다.

3. 21세기 한반도와 동학농민혁명

백여 년 전 우리는 당시 우리 민족의 역사적 과제인 근대화와 자주독립국가 수립에 실패하면서 일제의 식민지로 전락하는 과정을 겪게 되었습니다. 그 속에서 동학농민혁명, 의병 항쟁, 독립운동 등으로 수십만이 희생되었고, 일제의 식민 지배 아래 200만 명을 헤아리는 징병과 징용, 20만여 명의 정신대 등 나라 잃은 설움과 고통을 겪어야만 했습니다.

그 후 한반도는 패전한 일본군의 무장 해제라는 명분하에 외세에 의해 재차 점령되었고, 전시 연합국의 이해관계에 따라 결정되었던 분할 점령 상태가 전후 전개되기 시작한 냉전 논리에 의해 분단의 고착화로 이어지면서 우리 민족은 좌우 이념의 대결 속에서 남북 분단과 민족 최대 비극인의 한국전쟁 등 수난으로 점철된 역사의 길을 걸어야만 했습니다.

그리고 이후 한반도의 분단은 남북 모두 냉전 논리의 정착에 의해서, 또 남한의 경우 식민지 시절 기득권 세력이 대부분 냉전적 기득권 세력으로 변모하는 과정에서 지배권을 확보함으로써 더욱 지속·강화 되었습니다. 이런 가운데, 60여 년간의 분단은 남북 모두 대결로 인한 막대한 분단 비용을 치르게 했고, 자국의 정책 및 득실이 강대국의 이해관계에 따라 좌우됨으로써, 한반도에 살고 있는 국민에게 전쟁과 이념적 제약을 강요하여 막대한 고통을 안겨 주었습니다.

그리고 이러한 물적·심리적 비용 지출은 남북 모두 '약소국에서의 탈출'을 근본적으로 불가능하게 만든 요인이기도 했습니다. 그러나 '위기가 호기'란 말이 있듯이 우리는 과거 값비싼 대가를 치르고 얻은 교훈을 통해 이 위기를 극복해야 할 것입니다.

그렇다면 일제를 비롯한 서양 열강들이 우리 민족에게 가했던 한 맺힌 과거 역사를 통해 우리가 얻은 교훈은 무엇일까요? 지금의 한반도가 처한 현실을 살펴보면 백여 년 전 상황과 매우 흡사합니다. 백여 년 전, 청, 일, 러시아의 상호 견제 속에서 국제적 균형이 유지되고 있어 우리 민족이 단결하면 자주적 근대화를 이룰 수 있었던 절호의 조건에 놓여 있었습니다. 그러나 우린 그 기회를 놓치고, 일제는 청일전쟁, 러일전쟁을 일으켜 중국과 러시아를 제치고 조선을 식민지로 삼아 버렸습니다.

백여 년이 지난 지금 한반도는 또다시 위기와 기회를 동시에 맞게 되었습니다. 세계적 강대국인 미국과, 경제적 대국인 일본, 10억의 인구와 자원, 정치적 영향력으로 다시금 부상하는 중국, 그리고 전환기적 혼란을 수습하고 강국으로 재등장한 러시아 등의 주변 4강국들이 상호 견제 속에서 일정한 균형이 유지되고 있어 우리 민족이 서로 힘을 모으기만 하면 스스로의 힘으로 자주 국가로 우뚝 설 수 있을 뿐만 아니라 동북아 평화의 중심축이 될 수 있는 절호의 기회를 맞고 있는 것입니다.

주변 4강국에 의존하여 생존을 구걸해야 하는 제2의 식민지 시대를 맞이할지, 아니면 남북이 단결하여 자주통일 국가를 건설함으로써 민족의 생존과 번영을 누리며 더 나아가 동북아 평화에 공헌할지가 이 시대를 사는 우리들의 선택에 달려 있는 것입니다.

지금도 동학농민혁명은 진행 중에 있습니다. 그리고 그 완결의 역사적 사명이 우리를 기다리고 있습니다. 그 자랑스러운 완결의 주인공으로 역사 속에 우뚝 설 수 있도록 끊임없이 고뇌하고 노력하고 또 실천합시다.

우 리 사회는 보통 결과만을 중요시하는 경향이 있습니다. 하지만 역사에서는 결과 못지않게 과정을 매우 중요하게 생각합니다. 그래서 우리는 비록 일본의 물리력에 의해 외형적으로 볼 때는 실패한 것으로 보이지만 '신분제 타파'라는 역사적 과제를 '민중' 스스로의 힘으로 해결하여 향후 올바른 역사 발전의 방향을 제시한 동학농민혁명을 높이 평가하는 것입니다.

그러나 물질만능주의 개인이나 집단 이기주의에 만연된 오늘날 우리 사회의 현실 속에서 민중이 역사 발전의 주인공으로 나서는 길은 쉽지만은 않을 것 같습니다. 먼저 우리 자신이 역사를 변화 발전시키는 주체라는 생각을 가지는 것조차도 어려운 현실입니다.

외세의 압력과 다국적 기업의 독점 자본이 지배하는 분단된 조국의 현실이 백여 년 전의 현실과 별반 다를 바 없는 상황인데도 지배계급은 자신들의 이익을 계속 유지하기 위해 민중들로 하여금 자신이 처한 상황을 제대로 인지하지 못하도록 환상만을 심어 줍니다. 그러면서 언론과 교육을 통해 괜히 사회 변혁의 대열에 합류했다가는 저만 손해라는 생각을 심어 줍니다. 그래서 우리의 아이들에게도 오로지 공부만이 지상 최고의 과제로 생각하도록, 또는 개인의 출세를 위한 도구로 인식하도록 교육하고 있으며, 이를 위해서는 우리 민족이 처한 모든 사회 현실에 귀 막고 눈감게 만들어 체제 순응형 인간을 양성하는 잘못된 교육만을 강요하고 있습니다.

그렇다고 잘못된 제도와 세상 탓만 하고 있어서는 안 되겠지요. 우리보다 못 배우고, 더 어려웠던 시절에 살았던 조선 민중들이 시대의 모순을 스스로의 힘으로 바꾸려고 분연히 떨쳐 일어섰듯이 올바른 역사를 만들기 위한 대열에 당당히 나서야 하겠지요. 정의의 역사를 만들기 위해 내 사랑하는 이들과 함께 어깨 걸고 나서야 합니다. 그랬을 때 여러분은 진짜 힘 있는 '민중'을 만날 수 있을 것입니다. 그리고 그 민중들과 함께 갑오년 전봉준을 비롯한 농민군들이 못다 이룬 미완의 혁명을 우리가 나서서 완성하도록 합시다.

전라북도 부안의 진산인 성황산! 내 어릴 적 놀이터였던 이곳 입구에 조선 중기의 여류 시인 매창(梅窓)의 시비가 있습니다. 저는 이곳을 지나칠 때마다 시비에 적혀 있던 시조를 자연스럽게 마치 무슨 주문처럼 흥얼거리곤 했습니다. 물론 내용의 의미는 알지 못한 채…….

　이화우 흩날릴 제 울며 잡고 이별한 님

추풍낙엽에 저도 날 생각는가

천 리에 외로운 꿈만 오락가락 하노매

이와 같은 일상의 반복은 제가 고등학교를 졸업하고 부안을 떠날 때까지 이어졌습니다. 그렇다고 해서 매창과 인연이 끊어진 것은 아니었습니다. 대학 1학년 때 교양국어를 배우는데 매창의 이 시조가 교과서에 나왔고 그것을 발견한 순간 원인 모를 반가움마저 일었습니다.

이때에 와서야 이 시조가 『가곡원류』란 책에 실려 전한다는 것과, 매창이 그의 정인(情人) 유희경과의 이별을 하고 그 애절한 마음을 담은 이별가란 것을 알았습니다.

세월이 훌쩍 흘러간 지금 저는 우리 아이들이 동학농민혁명을 노래했으면 좋겠습니다. 파랑새 노래를, 전봉준 유언시를…….

개정판 출간에 부쳐 :

전봉준 장군 묘로 추정되는 묘비를 발견하고 결심하다

지난 2013년 8월 초, 지인으로부터 깜짝 놀랄 만한 한 통의 사진과 문자 메시지가 전송되어 왔습니다. 1미터 남짓 되는 크기의 화강암 비석에 '장군천안전공지묘(將軍天安全公之墓)'라 새겨진 사진과 더불어 전봉준 장군의 무덤일 것이라는 글이었습니다. 처음엔 말도 안 된다는 생각과 그렇다 할지라도 설마 전봉준 장군 묘일 리가 있나 하는 마음으로 별 관심 없이 넘겼습니다. 그런데 두고두고 마음이 개운치 않고 애써 잊어버리려 해도 자꾸만 머릿속을 떠나지 않기에 확인이라도 해 봐야 마음이 편하겠다는 생각으로 조사를 시작했습니다.

먼저 제보 경위를 살펴보면 다음과 같습니다. 정읍시 옹동면지 편찬 기초 작업을 하던 정승룡, 김현수가 정읍시 옹동면 비봉리 수암 마을 주민인 김상섭 씨(72세)로부터 전봉준 장군의 묘가 있다는 제보를 듣고 비봉산(정읍시 옹동면 비봉리 산 17-2, 17-3번지)에 가 묘비를 확인한바 전봉준 장군 묘일 가능성이 있다고 판단하여 사진 촬영한 후 필자에게 보낸 것이었습니다.

장군천안전공지묘.

그래서 필자는 동학역사문화연구소 회원들과 함께 2013년 8월 9일 오후 1시경 정읍시 옹동면 비봉리 수암 마을로 향하여 마을 주민인 김상섭 씨의 안내를 받아 묘비가 있다는 비봉산 자락을 찾았습니다. 그곳을 확인해 보니 잡목으로 우거진 숲 속에 문제의 '장군천안전공지묘비'와 거의 형체를 알아보기 힘든 묘 1기가 있었습니다.

묘비가 있는 비봉산 자락은 여산 송씨 문중의 땅이라 하며, 묘비가 있는 아래쪽에는 송월주 스님의 조부모와 부모의 묘가 조성되어 있고 근처에는 익산 이씨(여산 송씨가 외가), 김제 조씨 등 10여 성씨들의 묘가 자리 잡고 있었습니다. 마을 어른들 말로는 원래 여산 송씨의 땅이었으나 묘 자리가 좋아 여러 사람이 조금씩 매입하면서 산의 소유가 여러 사람에게 조각조각 나뉘어 있는 상태라고 하였습니다.

이곳에서 태어나고 자랐던 최초의 제보자인 김상섭 씨의 증언에 의하면 자신이 어렸을 때부터 이 묘가 있었고, '장군천안전공지묘'는 평장이었으나 10여 년 전 익산 이씨들이 묘를 관리하면서 봉분을 얹었다고 합니다. 그리고 자신이 어렸을 때 익산 이씨들이 시제를 지내러 오면 떡이라도 얻어먹으려고 그 뒤를 따라다녔는데, 그때 이 묘가 전봉준 장군의 무덤이라는 이야기를 들었다고 합니다. 마을 앞쪽으로 천안 전씨들의 묘가 몇 기 있으며, 전에는 천안 전씨가 마을에 살았지만 현재는 없고, 주로 안씨, 익산 이씨, 도강 김씨 등 세 성씨들이 살고 있습니다.

2013년 8월 12일 오후 4시, '장군천안전공지묘'를 찾아 재차 정읍시 옹동면사무소에 도착하여 김현수 씨와 만나 묘비가 세워져 있는 곳이 정확히 누구의 소유인지 지적도를 확인해 본 결과 묘비가 있는 지번 17-3은 이한근(익산 이씨) 외 3인으로, 그 옆인 17-2는 조윤철(김제 조씨) 씨로 되어 있음을 확인하였습니다. 우리는 조윤철과 조장태의 관계가 궁금하여 조윤철 씨와 통화했으나 그는 족보가 전주에 있으니 조만간 확인하고 연락을 준다고 하였습니다.

한편 전성권(정읍시 칠보면) 씨가 우동산성 전씨 묘지를 관리한다고 해서 면담한 결과 인터넷상에서 언급된 공동묘지가 아닌 천안 전씨 문중묘라 하며 우동산성(은곡사 뒤)의 묘 또한 전봉준과는 전혀 관련이 없으며, 전덕린(임진왜란 때 의병장, 전라북도 정읍시 옹동면 산성리 97번지에 있는 모충사에 배향) 장군의 가묘로 알고 있다고 하였습니다.

비봉산 자락에 있는 이 묘가 전봉준 묘일 가능성에 대해서는, 첫째 묘비 글의 마모 정도를 봤을 때나, 이 묘가 전봉준 장군의 무덤이라는 이야기를 어른들로부터 들었다는 김상섭 씨의 증언을 토대로 보면 비문 건립의 최대 상한 연도는 1895년 당시인 120년 전까지 올라가며, 김씨의 나이를 감안하면 최소 60년 이상 되었을 것으로 추정됩니다.

분명 적지 않은 노력과 돈을 들여 '장군천안전공지묘'라는 비를 누가 무슨 목적으로 세웠는가를 최소한 확인할 필요가 있다고 생각하였습니다. 특히 이 묘와 묘비가 전처의 문중인 여산 송씨 산에 있다는 점에서 여산 송씨 집안 인물이나 전봉준의 두 딸과 관련지어 생각해 볼 필요가 있다고 생각하였습니다. '전봉준 공초'에서 백산 봉기 때 자신의 비서로 선출된 송희옥과의 관계를 묻는 일본 영사관의 질문에 전봉준은 송희옥이 처족 7촌이라 하였습니다. 천안 전씨 족보인 병술보에서도 전병호(전봉준의 족보명)의 처가 여산 송씨 두옥의 여식이라고 기록되어 있고 김제 출신의 역사학자 김상기 씨는 「동학과 동학란, 1975」에서 자신이 만난 송용호(宋龍浩)의 조부가 바로 전봉준의 처숙(妻叔)이요, 동학 진영의 중진이었다고 밝힌 내용 등이 나옵니다. 이상의 내용으로 미루어 보아 전봉준의 처가는 여산 송씨임을 확인할 수 있습니다.

둘째, 1970년 전후해서 고 최현식 씨는 다음과 같이 증언하였습니다.

"정읍군 산외면의 면장 은석표(殷錫杓) 씨로부터 솔깃한 얘기를 들었다. 산외면에 전봉준의 묘가 있으며 묘를 관리하는 사람과 전봉준의 외손녀가 살고 있다는 것이었다. 처음엔 듣고 흘려버렸는데 시간이 지나면서 슬그머니 확인하고 싶은 충동이 일었다. 그 말이 사실이라면 황토재로 이장을 해야 한다는 생각에 김삼주(金三柱) 군수를 설득해 허락을 받았다. 무덤을 관리하던 사람은 전팔용이라는 이름의 중노인이었다. 그는 전봉준의 외손녀로 알려진 강금례 여사와 같은 마을에 살고 있었다. 그에 따르면 효시된 전봉준의 머리를 조장태라는 사람이 수습해 산외면에 묻었다는 것이다. 나는 전팔용 씨와 함께 강금례 여사를 만났다. 강금례 여사는 자신을 전봉준의 외손녀라고 소개했다. 그러나 어머니 고부댁은 해수병(천식·필자)을 앓다가 1930년대에 돌아가셨고, 살아생전 어머니로부터 가족에 대해 특별히 들은 것이 없다고 술회했으므로 의문은 의문대로 남았다. 강금례 여사를 만난 뒤 본격적으로 묘를 파헤쳤지만 유골은 나오지 않았다."라고 술회하고 있습니다.

여기서 전봉준의 머리를 수습하여 매장한 인물로 조장태라는 사람의 실명을 언급하고 있습니다. 필자는 '장군천안전공지묘'가 있는 비봉산 자락에 김제 조씨 묘가 우연히 있는 것은 아니지 않은가 하는 생가에 자료를 찾아보니 조장태의 이름이 언급된 또 다른 자료를 찾을 수 있었습니다. 소고당 고단(1922~2009) 여사의 『소고당 가사집』(1991)에 실린 「동학 이야기」가 바로 그것이었습니다. 여기서도 바로 앞에서 언급한 조장태가 전봉준의 머리를 수습했다고 다음과 같이 기록하고 있습니다.

> 녹두장군 전봉준은 순창에서 붙들려서
> 한성으로 압송할 제 장부의 뜻 당당하여
> 汝何居生 물을 적에 山外東谷 대답이요
> 애국단심 그 뉘 알랴 교수대의 이슬 되니
> 將卒之義 이렇던가 조장태의 거동 보소
> 녹두장군 잘린 머리 부담 안에 담아 오니
> 장군소실 고부댁이 동곡 뒷단 장사하고
> 장군 아들 두 형제를 혈육처럼 길렀으나
> 용개 용현 장성하여 병을 앓다 세상 떴네
>
> ─「동학 이야기」 중에서

물론 여기서 조장태가 목이 잘린 전봉준의 머리를 수습하여 매장했다고 하나 실제 전봉준은 교수형에 처해졌습니다. 하지만 사후 다시 효수되었을 가능성 또한 배제할 수 없는 상황이기에 모든 가능성을 열어두고 판단해야 할 것입니다.

또 다른 전씨 성을 가진 장군의 묘비일 수도 있겠으나 묘비에 '장군 천안전공지묘'라는 여덟 글자 외에 정부에서 내린 직함 등이 비문에 없습니다(사대부의 무덤 주위에는 망주(望柱, 무덤 앞에 세우는 한 쌍의 돌기둥)를 세우고, 석인(石人, 돌로 만든 사람의 형상)을 배치하였으며 분묘 앞에는 상석(床石, 제물을 놓기 위하여 돌로 만든 상)과 묘표(墓表)를 두고 신도비나 묘비, 묘갈(墓碣)을 세우는 것이 보통임]. 심지어 후손이나 만든 이조차 새겨져 있지 않기에 이는 일제나 정부, 또는 유림에 의한 시신의 훼손을 막고자 의도적으로 기록하지 않은 것으로 추정해 볼 수 있으며 오히려 이 때문에 전봉준 묘일 가능성을 배제할 수 없다고 판단하였습니다.

현재 전봉준의 묘 실존설은 다음과 같이 세 곳으로 전해지고 있습니다. 첫째, 정읍시 산외면 동곡리, 둘째, 정읍시 옹동면 산성리 우동, 셋째, 정읍시 옹동면 비봉산 등인데 그중 동곡리 묘를 정치인 임광순 씨가 제주가 되어 확인 차 파묘하였으나 기왓장 두 장이 나와서 1974년 정읍시 덕천면 동학농민혁명기념관에 옮겨 놓았다고 전합니다. 그리고 우동산성의 묘는 임진왜란 당시 활약한 의병장 전덕린의 가묘로 밝혀졌습니다. 그렇다면 마지막으로 비봉산을 주목할 필요가 있습니다. 앞에서 말한 대로 비봉산 자락에 암장한 인물로 조장태를 언급하였는데 현재 '장군천안전공지묘비'가 있는 비봉산 산 17-2의 땅 옆 소유주가 조윤철로 되어 있어 그와의 관계를 조사해 볼 필요가 있다고 생각합니다.

이렇듯 두 차례의 답사와 여러 문헌 조사 끝에 전봉준 장군의 묘일 가능성을 완전 배제할 수 없으며, 설사 그 가능성이 불과 몇 퍼센트만 되더라도 전문가들로 구성된 조사위원회를 꾸려 본격적으로 조사를 해야 한다고 생각합니다. 그래서 해당 지방자치단체에 이 사실을 건의

하기도 하였습니다. 그러나 현재까지 무관심으로 일관하고 있어 안타까움을 금치 못하겠습니다.

필자가 『소통하는 우리 역사』란 제목으로 초판본을 낸 지 5년이 지나 그간 새로운 관련 사료의 발견과 초판본에서 누락된 부족한 내용에 대해 수정 보완할 필요를 느끼던 차에 재판의 결심을 앞당기게 한 것이 바로 '장군천안정공지묘비'의 발견이었습니다. 혹시라도 이 글을 통해 뜻있는 단체나 기관에서 제대로 된 조사와 발굴이 이뤄지기를 기대해 봅니다.

2014년 1월

조광환 드림

● 부록

전봉준 장군 판결문

제37호 (1895년 3월 29일) 선고문

판결 선언서

전라도 태인 산외면 동곡 거주 농업 평민

피고 전봉준 나이 41세

전봉준에 대하여 형사 피고 사건을 심문하여 본즉 피고는 동학당이라 칭하고 그 무리들의 우두머리로 접주라 부르고 1892년 1월에 전라도 고부 군수 조병갑이 처음 부임하여 학정을 하자 고부 지역 사람들이 그 고통을 견디지 못해 1893년 11월과 12월에 군수를 향하여 학정을 금해 달라고 애원을 했더니 오히려 잡혀 감옥에 갇히게 되고 그 후에도 세 차례 청원했건만 전혀 받아들여지지 않자 백성들은 매우 분한 마음에 거사를 준비할 때 피고도 그 무리에 들어 모인 사람들에 의해 접주로 뽑혀 1894년 3월 상순에 그 무리들을 이끌고 고부 외촌에 있는 창고를 헐고 곡식을 빈민들에게 나눠주고 한 두 곳에서 머문 후 해산했으나 그 후 안핵사 장흥 부사 이용태가 고부로 들어와서 먼저 봉기를 일으킨 것은 모두 동학당의 소행이라 하고 동학을 믿는 사람들을 살육하자 이에 피고는 다시 백성들을 모이도록 한 후 만일 봉기에 응하지 않는 자는 불충불의한 사람이니 반드시 벌을 주리라며 다른 사람들을 협박하여 그 무리 4,000여 명을 얻어 각기 소유한 흉기를 가지고 양식은 각 지방 잘사는 사람들에게 징발하여 1894년 4월 상순쯤에 피고가 친히 그 무리를 이끌고 전라도 무장에서 일어나 고부, 태인, 원평, 금구 등지를 갈 때 전라감영군 1만여 명이 그들을 치기 위해 온다는 말을 듣고 고부로 몰려갔다가 하루 밤낮을 싸운 후 관군을 격파하고 정읍, 홍덕, 고창, 무장, 영광, 함평을 지나 장성이 이르니 중앙군 700여 명을 만나 또 격파하고 4월 26, 27일경에 중앙군보다 먼저 전주성에 들어가니 그때 전라감사는 도망하여 간 곳을 모르고 그 다음 날 초토사 홍계훈이 군사를 데리고 전주성 아래 도착하여 대포를 공격하자 피고 또한 이에 대응하여 관군을 괴롭혔다.

이에 초토사가 격문을 지어 성안으로 던져 피고 등의 소원을 들어줄 터이니 속히 해산하라고 달랬더니 피고 등이 곳 전운소를 혁파할 것, 국결((國結, 국가부세의 대상이 되는 토지)을 더 보태지 말 것, 보부상의 작폐를 금지시킬 것, 도(道) 안의 환전은 옛 감사가 이미 거두었으므로 민간에게 다시 징수하지 말 것, 대동미를 바치기 전에는 각 포구에서 잠상(潛商)들의 쌀 매매를 금지시킬 것, 동포전(洞布錢)은 매 호마다 봄·가을 2냥씩으로 정할 것, 탐관오리를 파면시킬 것, 위로 임금의 총명을 가리고 매관매직을 일삼으며 국권을 농락하는 자들은 모두 쫓아낼 것, 관장(官長)이 된 자는 그 관할 지역에 묘지를 쓸 수 없게 하며 또한 논도 사지 못하게 할 것, 전세(田稅)는 전례에 따를 것, 집집에 부과하는 잡역을 줄일 것, 포구의 어염세를 혁파할 것, 보세(洑稅) 및 궁방전을 폐지할 것, 각 고을의 수령들이 민간 소유의 산지에 와서 늑표(勒標)하고 투장(偸葬)하지 못하게 할 것 등 27개 조항을 요구하여 청했더니 초토사가 즉시 승낙을 했다.

이에 피고는 1894년 5월 5, 6일경에 그 무리들을 해산시킨 후 최경선 이하 20여 명을 이끌고 전주로부터 금구, 김제, 태인, 장성, 담양, 순창, 옥과, 창평, 순천, 남원, 운봉 등 각지를 시찰한 다음 7월 하순경에 태인에 있는 자기 집으로 돌아갔다.

그 후 피고는 일본 군대가 대궐로 쳐들어갔다는 말을 듣고 필시 일본인이 우리나라를 침략하고자 하는 뜻인 줄 알고 일본군을 물리치고 조선에 거주하는 일본인들을 나라 밖으로 내몰고자 하는 마음으로 다시 기병을 도모하여 전주 근처 삼례역이 땅이 넓고 전라도 요충지로 1894년 9월중에 태인을 출발하여 원평을 지나 삼례역에 이르러 그곳에서 병사를 일으켜 대도소로 삼고 진안에 사는 동학 접주 문계팔, 김영동, 이종태, 금구접주 조준구, 전주접주 최대봉, 송일두, 정읍에 사는 손여옥, 부안에 사는 김석윤, 김여중, 최경선, 송희옥 등과 함께 의논하여 1894년 3월 이후 피고와 함께 한 우두머리 손화중 이하 전주, 진안, 흥덕, 무장, 고창 등지의 멀고 가까운 각 지방 사람들에게 격문을 돌리기도 하며, 또는 사람을 보내 전하여 전라우도에서 군사를 모으기를 4,000여 명이 되자 곳곳의 관아에 들어가서 무기를 강탈하고 또 각 지방 부자들에게 쌀과 돈을 징발하여 삼례역을 떠나가면서 그 무리를 모집하고 은진 논산을 지나 수만여 명을 거느리고 1894년 10월 26일쯤 충청도 공주에 다다라 보니 일본군이 먼저 공주성을 차지했기에 전후 두 차례 싸워 크게 패했다.

피고가 다시 일본군을 공격했으나 일본군이 공주에서 움직이지 않고 그 사이에 피고 군사들이 점점 도망쳐 다시 규합치 못하게 되자 어쩔 수 없이 고향으로 돌아가 다시 병사를 모아 전라도에서 일본군을 막으려 했더니 사람이 모이지 않는 탓으로 서너 명과 더불어 의논하고 각기 변장하여 조용히 한양으로 들어가 정탐하고자 하여 피고는 상인 복장을 하고 홀로 상경하고자 태인을 떠나 전라도 순창을 지날 때 민병에게 잡혔다.

이상 기록한 사실은 피고와 그 무리인 손화중, 최경선 등을 심문하여 얻은 증거가 분명한 것이다. 그 행위는 대전회통 형전(刑典) 중 '군복을 입고 말을 타고 난리를 일으켜 관을 침범한 자는 즉시 사형한다.' 는 법을 들어 처형할 것이다. 이상의 이유로 피고 전봉준을 사형에 처하노라.

개국 504년 3월 29일

법무아문권설재판소선고

법무아문	대신	서광범
	협판	이재정
	참의	장 박
	주사	김기조
		오용묵

회심

경성주재 일본제국영사 내전정추

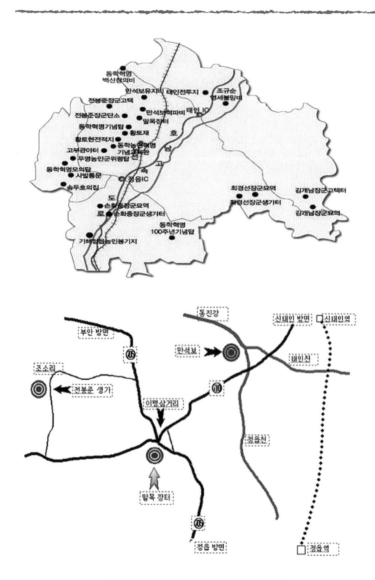

정읍 유적지 지도 1(전봉준 고택, 말목 장터, 만석보)

떠납시다. 동학농민혁명의 고장 정읍으로! 좋은 사람들과 함께 길을 떠나 그 땅의 역사, 삶의 흔적을 통해 내 안에 되살아 오는 역사의 숨결을 느껴 봅시다. 그리하여 이 땅과 나, 역사와 나의 소통을 통해 미완의 동학농민혁명을 완성시켜 봅시다.

視而不見　聽而不聞
'마음이 없으면 보아도 보이지 않으며, 들어도 들리지 않는다.'

1일

정읍 IC (10:00) → 고부 신중리 (10:20) → 고부 관아터, 향교(11:00) → 갑오동학혁명 백 주년 기념탑(11:30) → 중식(내장산 12:00~13:00) → 말목 장터(13:30) → 만석보유지비(14:00) → 전봉준 장군 고택(14:20) → 황토현 전적지(14:40) → 정읍 IC(16:00)

1박 2일

정읍 IC (10:00) → 고부 신중리 (10:20) → 고부 관아터, 향교(11:00) → 전봉준 장군 고택(11:30) → 말목 장터(12:00) → 중식(말목 장터 12:00~13:00) → 만석보유지비(14:00) → 백산(15:30) → 황토현 전적지(17:00) → 갑오동학혁명 백 주년 기념탑(17:30) → 내장산 숙박 → 고창읍성 → 고창 선운산 도솔암 마애석불 → 무장읍성 → 고창 동음치 구수마을 → 최경선 장군 묘역(정읍 칠보) → 원평 구미란 전투지 → 삼례 2차 봉기지 → 공주 우금티

삶의 행복을 꿈꾸는 교육은 어디에서 오는가?

● **교육혁명을 앞당기는 배움책 이야기** 혁신교육의 철학과 잉걸진 미래를 만나다!

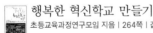

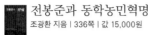

교과서 밖에서 만나는 역사 교실 상식이 통하는 살아 있는 역사를 만나다

● 더불어 사는 정의로운 세상을 여는 인문사회과학 사람의 존엄과 평등의 가치를 배운다

밥상혁명
강양구·강이현 지음 | 298쪽 | 값 13,800원

도덕 교과서 무엇이 문제인가?
김대용 지음 | 272쪽 | 값 14,000원

자율주의와 진보교육
조엘 스프링 지음 | 심성보 옮김 | 320쪽 | 값 15,000원

민주화 이후의 공동체 교육
심성보 지음 | 392쪽 | 값 15,000원
2009 문화체육관광부 우수학술도서

갈등을 넘어 협력 사회로
이창언·오수길·유문종·신윤관 지음
280쪽 | 값 15,000원

동양사상과 마음교육
정재걸 외 지음 | 356쪽 | 값 16,000원
2015 세종도서 학술부문

교과서 밖에서 배우는 철학 공부
정은교 지음 | 280쪽 | 값 14,000원

교과서 밖에서 배우는 사회 공부
정은교 지음 | 304쪽 | 값 15,000원

교과서 밖에서 배우는 윤리 공부
정은교 지음 | 292쪽 | 값 15,000원

한글 혁명
김슬옹 지음 | 388쪽 | 값 18,000원

우리 안의 미래교육
정재걸 지음 | 484쪽 | 값 25,000원

왜 그는 한국으로 돌아왔는가?
황선준 지음 | 364쪽 | 값 17,000원
2019 세종도서 교양부문

공간, 문화, 정치의 생태학
현광일 지음 | 232쪽 | 값 15,000원

인공지능 시대의 사회학적 상상력
홍승표 지음 | 260쪽 | 값 15,000원

동양사상과 인간 그리고 사회
이현지 지음 | 418쪽 | 값 21,000원

좌우지간 인권이다
안경환 지음 | 288쪽 | 값 13,000원

민주시민교육
심성보 지음 | 544쪽 | 값 25,000원

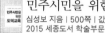
민주시민을 위한 도덕교육
심성보 지음 | 500쪽 | 값 25,000원
2015 세종도서 학술부문

교과서 밖에서 배우는 인문학 공부
정은교 지음 | 280쪽 | 값 13,000원

오래된 미래교육
정재걸 지음 | 392쪽 | 값 18,000원

대한민국 의료혁명
전국보건의료산업노동조합 엮음 | 548쪽 | 값 25,000원

교과서 밖에서 배우는 고전 공부
정은교 지음 | 288쪽 | 값 14,000원

전체 안의 전체 사고 속의 사고
김우창의 인문학을 읽다
현광일 지음 | 320쪽 | 값 15,000원

카스트로, 종교를 말하다
피델 카스트로·프레이 베토 대담 | 조세종 옮김
420쪽 | 값 21,000원

일제강점기 한국철학
이태우 지음 | 448쪽 | 값 25,000원

한국 교육 제4의 길을 찾다
이길상 지음 | 400쪽 | 값 21,000원
2019 세종도서 학술부문

마을교육공동체 생태적 의미와 실천
김용련 지음 | 256쪽 | 값 15,000원

교육과정에서 왜 지식이 중요한가
심성보 지음 | 440쪽 | 값 23,000원

식물에게서 교육을 배우다
이차영 지음 | 260쪽 | 값 15,000원

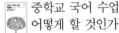